Arta Biscuiților și a Napolitanelor Perfecționează Meșteșugul Biscuiților Crocanți și Aromatici

Intră în Lumea Delicatelor Texturi Crocante și a Gusturilor Rafinate învățând Tehnici Autentice și Secretele Rețetelor Clasice Reinterpretate în Stil Modern Pentru a Impresiona Orice Gurmand

Ana Dumitrescu

Material cu drepturi de autor ©2025

Toate drepturile rezervate

Nicio parte a acestei cărți nu poate fi utilizată sau transmisă sub nicio formă sau prin orice mijloc fără acordul scris corespunzător al editorului și al proprietarului drepturilor de autor, cu excepția citatelor scurte utilizate într-o recenzie. Această carte nu trebuie considerată un substitut al sfaturilor medicale, juridice sau de altă natură profesională.

CUPRINS

TABEL DECUPRINS 3
INTRODUCERE 7
CRACKERS 7
   1. Biscuiti cu unt 9
   2. Biscuiți de ovăz 11
   3. Biscuiți de Crăciun 13
   4. Biscuiți sărați 16
   5. Crackers 19
   6. Biscuiți Ritz 21
   7. Za'atar Fire Crackers 24
   8. Biscuiți clasici cu miere 26
   9. Biscuiți cu stridii de casă 28
   10. Biscuiti de casa totul 31
   11. Biscuiți cu curry 33
   12. Biscuiți cu mărar 35
   13. Sage Crackers 37
   14. Biscuiți multicereale din seminţe de in 40
   15. Biscuiți cu legume și ierburi 42
   16. Biscuiți cu Chimen ș i Cayenne 45
   17. Biscuiți cu sare de mare cu rozmarin 48
   18. Dovlecei de iarnă și biscuiți cu ierburi 50
   19. Biscuiți cu in usturoi și ierburi 53
   20. Biscuiți cu brânză cu cimbru francez 55
   21. Brânză albastră și biscuiți de grâu crăpați 58
   22. Biscuiți Cheddar 60
   23. Biscuiți cu fondue cu brânză elvețiană 62
   24. Biscuiți Cowboy 64
   25. Biscuiți picanți cu roșii și brânză 67
   26. Biscuiți cu brânză Sriracha 69
   27. Biscuiți asiatici cu brânză de vaci 72
   28. Biscuiți de secară de chimen 74
   29. Biscuiți de fenicul și ceapă 76
   30. Biscuiți cu seminţe super 79

31. Cracker de hrișcă și semințe de in 81
32. Biscuiți cu semințe de floarea soarelui 83
33. Biscuiți crocanți din semințe de dovleac 85
34. Inimi de cânepă și biscuiți cu semințe amestecate 87
35. Biscuiti de cafea 89
36. Biscuiți cu condimente Chai 91
37. Biscuiți cu matcha 93
38. Biscuiti Mocha 95
39. Biscuiți cu hrișcă și rozmarin 98
40. Biscuiți crocanți de orez 101
41. Biscuiți de orez sălbatic 103
42. Biscuiți Falafel 105
43. Biscuiți japonezi de orez Senbei 108
44. Biscuiți cu porumb și piper negru 111
45. Biscuiți cu lămâie 113
46. Fructe uscate și biscuiți cu nuci 115
47. Biscuiți cu fructe de afine și portocale 118
48. Biscuiți cu fructe de smochine și nuci 120
49. Biscuiți cu fructe de mango și nucă de cocos 122
50. Biscuiți cu mere Cheddar 124

napolitane 126

51. Prajituri cu napolitană de zahăr Valentine 127
52. Napolitane cu zahăr brun 130
53. Batoane mexicane cu napolitane de zahăr 132
54. Napolitane cu zahăr înmuiate în ciocolată albă 136
55. Napolitană umplută cu portocale 140
56. Napolitane colorate cu cremă 143
57. Napolitane cu cremă de eggnog 146
58. Valentine Cream Wafers 149
59. Biscuiți cu napolitană cu cremă de cocos 152
60. Tort de napolitană poloneză 155
61. Napolitane cu crema fragila de nuca 158
62. Napolitane balcanice stratificate 161
63. Tort de ciocolată cu rulouri de napolitană 165
64. Tort de napolitană cu tuburi dulci 169

65. Tort cu napolitană glazurată cu umplutură cu cremă ... 173
66. Tort cu napolitană cu cacao și cafea ... 177
67. Cheesecake cu napolitană cu ciocolată ... 180
68. Napolitane cu iaurt înghețat cu căpșuni ... 184
69. Cafea Inghetata Napolitane ... 187
70. Sandviș cu înghețată cu napolitană de ciocolată ... 191
71. Sandvișuri cu înghețată surpriză cu rubarbă ... 194
72. Napolitane din dantela de migdale ... 198
73. Napolitane cu rachiu ... 200
74. Rulouri de napolitană cu praline și ciocolată cu nuci ... 202
75. Rulouri de napolitană spaniolă (Neula) ... 205
76. Napolitane cu parmezan ... 207
77. Napolitane cu brânză maghiară ... 210
78. Napolitane Cheddar ... 212
79. Napolitane cu semințe de susan ... 214
80. Napolitane de salvie și cheddar cu semințe ... 216
81. Napolitane biscuite cu rachiu de scortisoara ... 218
82. Napolitane cu semințe mixte ... 220
83. Moravian Spice Cookie Wafers ... 222
84. Tuiles de migdale ... 225
85. Tuiles fără ouă ... 228
86. Laced Coffee Tuiles ... 231
87. Miere Tuiles ... 234
88. Tuile Rolls ... 236
89. Tuiles din scoarță de mesteacăn ... 239
90. Anason Tuiles ... 242
91. Tuiles de căpșuni ... 244
92. Napolitane cu migdale cu ghimbir ... 246
93. Napolitane cu unt de arahide ... 248
94. Napolitane cu fistic ... 250
95. Napolitane de nuc ... 252
96. Napolitane cu rom de migdale ... 254
97. Napolitane cu vafe de ciocolată ... 256
98. Bușten de napolitană de ciocolată ... 258
99. Napolitane de ciocolata cu menta cu stropi ... 261

100. Napolitane cu alune de ciocolata.. 264
CONCLUZIE **267**

INTRODUCERE

Bine ai venit în lumea rafinată a biscuiților și napolitanelor, unde fiecare mușcătură îți oferă un moment de răsfăț pur. **Arta Biscuiților și a Napolitanelor** este mai mult decât o simplă colecție de rețete; este o incursiune în meșteșugul fin al creării texturilor crocante și aromelor inconfundabile care încântă papilele gustative.

Această carte te va ghida pas cu pas prin procesul de pregătire a celor mai buni biscuiți și napolitane, de la rețetele tradiționale cu arome clasice până la reinterpretări moderne, perfecte pentru a impresiona chiar și pe cei mai exigenți gurmanzi.

Ce vei găsi în această carte?

- **Rețete diverse și delicioase**
  Vei descoperi o gamă variată de biscuiți și napolitane, de la variante simple și rustice la cele sofisticate, cu arome îndrăznețe și ingrediente surprinzătoare.
- **Tehnici și sfaturi esențiale**
  Învață să obții biscuiți perfect crocanți, napolitane subțiri și fragede, dar și cum să ajustezi rețetele pentru a le personaliza după preferințele tale.
- **Sugestii de plating și servire**
  Transformă fiecare preparat într-un adevărat spectacol culinar cu sfaturi despre prezentare, pentru a crea o experiență vizuală și gustativă desăvârșită.
- **Inspirație pentru toate ocaziile**
  Indiferent dacă pregătești biscuiți pentru o gustare rapidă, un cadou dulce sau o masă festivă, această carte îți oferă rețetele perfecte pentru fiecare moment.

Arta Biscuiților și a Napolitanelor este partenerul ideal pentru cei care doresc să-și perfecționeze abilitățile culinare și să aducă bucurie prin deserturi crocante și savuroase. Redescoperă plăcerea de a coace și impresionează-i pe cei dragi cu creații care vor fi savurate până la ultima firimitură!

CRACKERS

1. Biscuiți cu unt

Produce: Aproximativ 96 de biscuiti

INGREDIENTE:
- 2 cani de faina
- 1 lingurita Praf de copt
- ⅔ cană apă
- 1 lingura de zahar
- ½ lingurita Sare
- ⅓ cană plus 2 linguri de unt

INSTRUCȚIUNI:
a) Într-un castron, combinați făina, zahărul, praful de copt și sarea.
b) Se amestecă apa și ⅓ cană de unt în amestecul de făină pană se formează un aluat omogen.
c) Împărțiți aluatul în două părți egale și acoperiți-le. Lasam aluatul sa stea 10 minute.
d) Preîncălziți cuptorul la 400 de grade Fahrenheit (200 de grade Celsius).
e) Puneți o jumătate din aluat pe o foaie de copt de 17 x 14 inchi și întindeți-o într-un dreptunghi de 16 x 12 inci.
f) Folosiți o furculiță pentru a înțepa aluatul peste tot, apoi tăiați-l în pătrate de 2 inci.
g) Unge pătratele cu 1 lingură de unt topit.
h) Coaceți în cuptorul preîncălzit pentru aproximativ 8 minute sau până când biscuiții se rumenesc frumos.
i) Scoateți biscuiții din tava de copt și puneți-i pe grătare pentru a se răci.
j) Repetați același proces cu aluatul rămas.
k) Odată răcit, depozitați biscuiții cu unt de casă într-un recipient ermetic.

2.Biscuiți de ovăz

Produce: Aproximativ 1 porție

INGREDIENTE:
- 1½ cani de ovaz rulat
- 1 cană de făină
- ½ cană germeni de grâu
- ½ lingurita Sare
- ⅓ cană de ulei
- ⅔ cană apă

INSTRUCȚIUNI:
a) Începeți prin a preîncălzi cuptorul la 325 ° F (163 ° C).
b) Într-un castron, combinați ovăzul rulat, făina, germeni de grâu și sarea. Se amestecă bine ingredientele uscate.
c) Într-un castron separat, amestecați uleiul și apa.
d) Adăugați treptat ingredientele umede la ingredientele uscate, amestecând pe măsură ce mergeți, până când totul este bine combinat. Ar trebui să aveți un aluat închegat.
e) Pe o foaie unsă cu ulei, întindeți aluatul până la o grosime de aproximativ ⅛ inch.
f) Folosiți un cuțit sau un instrument de înțepare pentru a însemna aluatul în formele dorite.
g) Coaceți în cuptorul preîncălzit timp de 25 până la 30 de minute sau până când biscuiții devin maro auriu.
h) Odată copți, scoateți biscuiții de ovăz din cuptor și lăsați-i să se răcească.
i) Acești biscuiți de ovăz sunt o gustare sănătoasă și versatilă, care poate fi savurată pe cont propriu sau cu diverse toppinguri și tartine. Bucurați-vă de aroma lor sănătoasă și textura crocantă!

3.Biscuiți de Crăciun

Produce: Aproximativ 45 de portii

INGREDIENTE:
- ½ cană unt sau margarină, topit
- ½ cană Miere
- ⅓ cană de zahăr brun deschis, ambalat
- 2 ouă mari
- 2½ căni de făină integrală
- 1½ cani de faina universala
- 1½ linguriță de praf de copt
- ½ lingurita Sare
- 3 linguri de zahăr

INSTRUCȚIUNI:
a) Într-un castron mare, folosiți un tel sau o furculiță pentru a bate împreună margarina sau untul topit, mierea, zahărul brun și ouăle până când amestecul este bine omogenizat.
b) Se amestecă făina integrală și făina universală, precum și toate ingredientele rămase, cu excepția zahărului. Se amestecă până când aluatul se îmbină. Ar trebui să aveți un aluat neted.
c) Împărțiți aluatul în 3 bile de dimensiuni egale. Înfășurați 2 bile în folie de plastic și puneți-le la frigider până când sunteți gata să le folosiți.
d) Preîncălziți cuptorul la 350°F (175°C).
e) Pe o foaie mare de biscuiți cu făină, folosiți un sucitor înfăinat pentru a întinde bila rămasă de aluat într-un dreptunghi care este puțin mai mare de 15x13 inci.
f) Tăiați părțile laterale pentru a face un dreptunghi de 15 x 12 inci. Folosind marginea mată a unui cuțit, încorporează dreptunghiul pe lungime în 3 benzi, apoi încorporează fiecare bandă transversal în 5 dreptunghiuri.
g) Decorați centrul fiecărui dreptunghi apăsând tăietorul preferat de prăjituri de sărbători în aluat, asigurându-vă că nu tăiați până la capăt. Puteți folosi același tăietor de prăjituri pentru toate dreptunghiurile sau alegeți altele diferite pentru a le decora după bunul plac.
h) Se presară dreptunghiurile cu 1 lingură de zahăr.
i) Coaceți în cuptorul preîncălzit timp de 8 până la 10 minute sau până când marginile încep să se rumenească.

j) Lăsați fursecurile să se răcească pe foaia de prăjituri pe un grătar timp de 2 minute, apoi transferați-le pe gratar pentru a se răci complet.
k) Repetați același proces cu aluatul rămas și zahărul.
l) Odată ce prăjiturile s-au răcit, spargeți fiecare dreptunghi mare în 15 dreptunghiuri mai mici de-a lungul liniilor marcate.
m) Acești biscuiți de Crăciun sunt un deliciu festiv perfect pentru sezonul sărbătorilor. Bucurați-vă de bunătatea lor dulce, decorativă și ușor crocantă!

4. Biscuiți de sare

INGREDIENTE:
- 1 ½ cani de faina de tort
- 6 linguri de apă
- 2 linguri de unt moale
- 2 linguri de ulei vegetal
- 2 lingurite de drojdie instant
- 1 lingurita de zahar
- ¼ linguriță de bicarbonat de sodiu
- ¼ lingurita de crema tartru
- ½ până la 1 linguriță de sare de mare sau sare de ierburi pentru topping

INSTRUCȚIUNI:
a) Începeți prin a combina făina, drojdia, bicarbonatul de sodiu, crema de tartru și zahărul într-un castron de mărime medie. Bateți aceste ingrediente uscate împreună.
b) Într-o cratiță mică, încălziți ușor untul, uleiul și apa până când untul se topește. Lăsați-l să se răcească la aproximativ 120 de grade Fahrenheit sau până când este fierbinte, dar nu arde la atingere.
c) Faceți o adâncitură în ingredientele uscate pe care le-ați amestecat mai devreme și turnați amestecul de unt topit. Folositi un mixer electric pentru a bate ingredientele la foc mediu si apoi mare pana cand untul este complet incorporat si incepe sa se formeze un aluat.
d) Folosește-ți mâinile pentru a frământa aluatul într-o bilă. Dacă este prea lipicios, mai adăugați puțină făină treptat. În schimb, dacă este prea uscat, adăugați o cantitate mică de apă pe rând. Scopul este de a obține o minge moale și netedă de aluat.
e) Ungeți ușor bolul, acoperiți-l cu folie de plastic și lăsați aluatul să se odihnească la frigider pentru cel puțin 12 ore, sau îl puteți prelungi până la 18 ore.
f) Când sunteți gata să continuați, scoateți vasul din frigider și lăsați aluatul să ajungă la temperatura camerei, care durează de obicei aproximativ 15 minute.
g) Preîncălziți cuptorul la 400 de grade Fahrenheit și fie tapetați foile mari de copt cu hârtie de copt, fie ungeți-le.
h) Scoateți aluatul din castron și frământați-l câteva minute până devine neted și ca o textură argiloasă.

i) Împărțiți aluatul în patru bucăți egale și întindeți fiecare bucată pe rând. Daca ai o rola de paste, foloseste-l pentru a face aluatul cat mai subtire; acest lucru asigură un biscuit mai bun și mai crocant.

j) Folosind o roată de pizza sau un tăietor de paste, tăiați pătrate de 2x2 inci. Așezați aceste pătrate pe foile de copt, permițându-le să se așeze strâns împreună, deoarece se vor micșora în timpul coacerii. Repetați acest proces cu aluatul rămas.

k) Folosiți o furculiță pentru a perfora fiecare biscuit, creând perforațiile clasice „Saltines". Ungeți ușor fiecare biscuit cu puțină apă, apoi stropiți cu sare sau sare din plante.

l) Coaceți timp de 8 - 10 minute, verificând intervalul de 8 minute pentru a vă asigura că nu se rumenesc excesiv decât dacă preferați un biscuit foarte crocant.

m) Scoateți biscuiții din cuptor și lăsați-i să se răcească pe tavă.

n) Păstrați săraturile de casă într-un recipient ermetic până la o săptămână – deși, cu gustul lor delicios, a rezista tentației de a le devora pe toate poate fi o provocare!

5. Fire Crackers

Produce: Aproximativ 24 de portii

INGREDIENTE:
- 1 kilogram de biscuiți sărati nesărați (4 mâneci)
- 1 cană ulei de canola
- 1 (1 uncie) pachet de amestec de dressing ranch
- 2 linguri fulgi de ardei rosu macinati
- ½ linguriță de usturoi pudră

INSTRUCȚIUNI:
a) Tapetați biscuiții sărati nesărati la capete într-un recipient ermetic, precum domino.
b) Într-un castron mic, amestecați uleiul de canola, amestecul de dressing ranch, fulgii de ardei roșu zdrobiți și pudra de usturoi. Se amestecă până când toate ingredientele sunt bine amestecate.
c) Continuați să amestecați amestecul pentru a preveni fulgii de ardei roșu zdrobiți să se aseze pe fundul vasului.
d) Turnați amestecul uniform peste biscuiți, asemănător cu glazura de pe un tort.
e) Închideți bine capacul recipientului și răsturnați-l la fiecare 5 minute timp de aproximativ 20 de minute. De asemenea, puteți agita ușor recipientul înainte și înapoi pentru a vă asigura că toate biscuiții sunt acoperite.
f) După 20 de minute, depozitați biscuiții într-o pungă cu fermoar. Se vor păstra aproximativ o săptămână dacă rezistă atât de mult!
g) Acești biscuiți sunt o gustare condimentată și aromată care poate adăuga o notă specială petrecerilor, întâlnirilor sau oricărei ocazii în care doriți să condimentezi puțin lucrurile!
h) Bucurați-vă de bunătatea înflăcărată.

6. Biscuiți Ritz

INGREDIENTE:
- 2 căni de făină universală (255 g)
- 3 lingurite praf de copt (14 g)
- 1 lingura zahar (14 g)
- 1 lingurita sare kosher (divizata)
- 8 linguri de unt rece (divizat)
- 2 linguri ulei vegetal (1 oz)
- ⅓ cană apă
- 1 ou (opțional pentru spălarea ouălor)

INSTRUCȚIUNI:

a) Preîncălziți cuptorul la 400 ° F și tapetați foile de copt cu hârtie de copt.

b) Într-un robot de bucătărie, combinați 2 căni de făină universală, 3 lingurițe de praf de copt, 1 lingură de zahăr și ½ linguriță de sare kosher. Pulsați scurt pentru a combina.

c) Adăugați treptat 6 linguri de unt rece, în bucăți mici, în robotul de bucătărie în timp ce funcționează. Continuați să pulsați până când amestecul seamănă cu firimituri grosiere. Turnați încet uleiul vegetal în timp ce procesorul încă funcționează.

d) În timp ce robotul de bucătărie funcționează, adăugați apă câte puțin până când aluatul începe să se unească într-o bilă. Aveți grijă să nu adăugați întreaga ⅓ cană de apă dintr-o dată; este posibil să nu ai nevoie de toate.

e) Pe o suprafață înfăinată, întindeți aluatul cât mai subțire cu ajutorul unui sucitor. Dacă aluatul se lipește, presară mai multă făină la nevoie.

f) Folosiți un tăietor pentru a tăia aluatul în formele dorite și așezați decupajele pe foile de copt tapetate cu pergament. Continuați rularea și tăierea până când se folosește tot aluatul.

g) Folosind o ștampilă pentru ravioli sau un instrument similar, faceți găuri în fiecare biscuit. Un model de 2, 3 și 2 găuri funcționează bine.

h) Ungeți bucățile de biscuit cu ou bătut (opțional) și stropiți-le cu sare cușer.

i) Coaceți biscuiții în cuptorul preîncălzit timp de 10 minute pe grătarul central.

j) În timp ce biscuiții sunt încă fierbinți, topește restul de 2 linguri de unt și unge-l peste biscuiții proaspăt copți.

k) Lăsați biscuiții Ritz de casă să se răcească, apoi bucurați-vă de gustarea delicioasă de casă!

7. Za'atar Fire Crackers

INGREDIENTE:
- ½ cană ulei de măsline extravirgin
- ½ cană ulei vegetal
- ¼ cană za'atar
- 1 lingurita praf de usturoi
- Piper negru proaspăt măcinat
- 8 uncii biscuiți sărați (aproximativ 2 mâneci)

INSTRUCȚIUNI:
a) Într-o pungă mare de plastic resigilabilă, combinați ½ cană de ulei de măsline extravirgin, ½ cană de ulei vegetal, ¼ de cană de za'atar, 1 linguriță de usturoi pudră și câteva felii de piper negru proaspăt măcinat.
b) Masați punga pentru a amesteca bine ingredientele.
c) Adăugați 8 uncii de biscuiți sărați (aproximativ 2 mâneci) în pungă, apoi sigilați-l.
d) Agitați ușor punga pentru a acoperi biscuiții cu amestecul aromat.
e) Lăsați punga să stea la temperatura camerei timp de 8 până la 12 ore pentru a permite biscuiților să absoarbă aromele.
f) Preîncălziți cuptorul la 250°F.
g) Întindeți biscuiții marinați într-un singur strat pe o tavă de copt cu ramă.
h) Coaceți biscuiții în cuptorul preîncălzit până când devin aurii și devin crocante, ceea ce durează de obicei 13 până la 17 minute.
i) Odată copți, scoateți biscuiții din cuptor și lăsați-i să se răcească.

8.Biscuiți clasici cu miere

Produce: Aproximativ 24

INGREDIENTE:
- 1-½ cană (240 g) făină de pâine artizanală
- ¼ lingurita de scortisoara macinata
- ¾ cană (170 g) unt nesărat, la temperatura camerei
- ½ cană (110 g) zahăr brun
- ½ linguriță sare de mare fină
- 2 linguri miere
- Turbinado sau zahăr brut, pentru stropire

INSTRUCȚIUNI:
a) Într-un castron mic, combinați 1-½ cani de făină de pâine artizanală și ¼ de linguriță de scorțișoară măcinată. Pune acest amestec deoparte.
b) 2. În vasul unui mixer cu suport prevăzut cu un accesoriu cu paletă, puneți ¾ de cană de unt nesărat, ½ cană de zahăr brun, ½ linguriță de sare de mare fină și 2 linguri de miere.
c) Amestecă aceste ingrediente până când sunt complet încorporate.
d) Adăugați amestecul de făină de scorțișoară în bol și amestecați până când începe să se formeze un aluat.
e) Transferați aluatul din mixer pe o suprafață de lucru.
f) Presați ușor aluatul într-o bilă, având grijă să nu-l suprasolicitați.
g) Aplatizați aluatul într-o formă de disc, apoi înfășurați-l într-o folie ermetică și lăsați-l la frigider pentru minim 30 de minute.
h) Preîncălziți cuptorul la 350°F (175°C).
i) Tapetați două foi de biscuiți cu hârtie de copt.
j) Pe o suprafață de lucru înfăinată ușor, întindeți aluatul răcit la o grosime de ¼ inch.
k) Tăiați aluatul în dreptunghiuri de 3x2 inci (sau orice formă preferați).
l) Transferați fursecurile tăiate în foile de copt pregătite.
m) Folosiți o furculiță pentru a înțepa suprafața fiecărui prăjitură.
n) Presărați zahăr turbinado peste fursecuri.
o) Coaceți fursecurile în cuptorul preîncălzit timp de 8-10 minute sau până când par uscate și emană un parfum încântător.
p) Scoateți fursecurile din cuptor și lăsați-le să se răcească complet.
q) Păstrați biscuiții clasici cu miere de casă într-un recipient ermetic la temperatura camerei timp de până la o săptămână.

9. Biscuiți cu stridii de casă

Produce: 2 cani

INGREDIENTE:
- 5 uncii (1 cană) făină universală, plus mai mult pentru rulare
- 1 lingurita sare kosher
- 1 lingurita zahar
- 1 lingurita praf de copt
- 2 linguri de unt rece, nesarat, tăiat în cuburi de ¼ inch
- ⅓ cană de apă rece, plus suplimentar după cum este necesar

INSTRUCȚIUNI:
a) Ajustați grătarul cuptorului în poziția de mijloc și preîncălziți cuptorul la 375°F (190°C).
b) Într-un castron mediu, combinați 5 uncii (1 cană) de făină universală, 1 linguriță de sare kosher, 1 linguriță de zahăr și 1 linguriță de praf de copt. Bateți aceste ingrediente uscate împreună până se combină bine.
c) Adăugați cele 2 linguri de unt rece nesărat la amestecul uscat. Folosiți un tăietor de patiserie sau vârfurile degetelor pentru a adăuga untul în făină până când seamănă cu o masă grosieră.
d) Se toarnă ⅓ de cană de apă rece și se frământă ușor amestecul pana când se formează o bilă de aluat.
e) Puneți aluatul pe o suprafață ușor făinată și acoperiți-l cu un bol de amestecare răsturnat. Lăsați-l să se odihnească timp de 15 minute.
f) Întindeți aluatul odihnit pe o suprafață bine făinată până la o grosime de ⅛ inch.
g) Folosiți un cuțit sau un tăietor pentru a tăia aluatul în pătrate, dreptunghiuri sau romburi de ½ inch. Transferați aceste forme tăiate pe o foaie de copt tapetată cu pergament, distanțându-le cât mai mult posibil.
h) Coaceți biscuiții în cuptorul preîncălzit până când își arată culoarea pe marginile inferioare, ceea ce durează aproximativ 15 minute.
i) Opriți cuptorul și deschideți ușa aproximativ 8 inci. Lăsați biscuiții înăuntru să se răcească și continuă să se crocante, ceea ce durează de obicei aproximativ 30 de minute.
j) Scoateți biscuiții din cuptor, asezonați-i cu sare după gust și lăsați-i să se răcească complet. Puteți păstra acești biscuiți de stridii de casă într-un recipient sigilat timp de până la o săptămână.

k) Savurați biscuiții de stridii de casă ca o gustare sau ca un plus delicios la supe și ciorbe. Aroma lor bogată, untoasă, vă va ridica creațiile culinare.

10. Biscuiți de casă totul

Produce: 50 de biscuiti

INGREDIENTE:
- 1 cană de făină universală, plus suplimentar pentru pudrat
- ½ cană făină integrală
- 1 lingurita zahar granulat
- 1 lingurita sare kosher
- ¼ lingurita piper negru
- 2 linguri ulei de masline
- ½ cană apă, cu plus pentru periaj
- 2 linguri toate condimentele

INSTRUCȚIUNI:
a) Preîncălziți cuptorul la 450 de grade F și tapetați două foi de copt cu hârtie de copt.

b) Într-un bol de amestecare spațios, amestecați ambele tipuri de făină, zahăr, sare și piper negru. Adăugați uleiul de măsline și apa, amestecând până când amestecul formează un aluat ușor aspru. Folosește-ți mâinile pentru a frământa ușor și a forma o minge netedă.

c) Lăsați aluatul să se odihnească timp de 10 minute înainte de a-l întinde subțire pe o suprafață de lucru cu făină până la o grosime de aproximativ 1/16 până la ⅛ inch. Folosiți un tăietor de prăjituri sau un tăietor de pizza pentru a crea biscuiți dreptunghiulari, care măsoară 1 inch pe 3 inci.

d) Aranjați biscuiții pe foile de copt pregătite. Ungeți-le cu apă și stropiți-le generos cu toate condimentele.

e) Coaceți timp de 12-14 minute, sau până când devin un frumos maro auriu. După aceea, lăsați-le să se răcească pe un grătar.

f) Păstrați biscuiții proaspăt copți într-un recipient ermetic pentru o prospețime maximă. Bucurați-vă!

11. Biscuiți cu curry

Produce: 95 de portii

INGREDIENTE:
- 3 linguri de unt sau margarina
- 1½ lingurita ceapa tocata foarte fin
- 1 lingurita usturoi presat (aproximativ 4 catei medii)
- ¾ linguriță de ghimbir proaspăt tocat foarte fin
- 1½ linguriță chimen uscat măcinat
- 1½ linguriță coriandru uscat măcinat
- 1½ linguriță de turmeric uscat măcinat
- ½ lingurita piper Cayenne
- 2 căni de făină universală
- 1 lingurita Sare
- ½ cană apă

INSTRUCȚIUNI:
a) Preîncălziți cuptorul la 325°F (163°C).
b) Într-o tigaie mică, la foc mediu, topim untul. Adăugați ceapa tocată, usturoiul și ghimbirul (dacă folosiți ghimbir proaspăt) și căleți până când ceapa devine translucidă.
c) Se amestecă chimenul, coriandru, curcuma și cayenne (și ghimbirul uscat măcinat dacă se folosește) și gătiți aproximativ 1 minut în timp ce amestecați continuu.
d) Într-un castron mare sau într-un robot de bucătărie, combinați făina universală și sarea. Adăugați amestecul de condimente și amestecați bine până când amestecul seamănă cu o masă grosieră și capătă o culoare galben strălucitor.
e) Adăugați încet apa și continuați să amestecați până când aluatul se unește într-o bilă unită.
f) Împărțiți aluatul în 2 părți egale pentru rulare. Pe o suprafață cu făină sau o cârpă de patiserie, rulați aluatul subțire, de aproximativ 1/16 până la ⅛ inch grosime. Folosiți un cuțit ascuțit pentru a-l tăia în pătrate de 2 inci sau orice alte forme dorite. Înțepați fiecare biscuit de 2 sau 3 ori cu o furculiță.
g) Coaceți biscuiții în cuptorul preîncălzit timp de 20 până la 25 de minute sau până devin crocante. Odată gata, lăsați-le să se răcească pe un grătar.

12.Biscuiți cu mărar

Produce: Aproximativ 6 portii

INGREDIENTE:
- 1 cană de făină universală
- ½ lingurita sare
- ½ linguriță iarbă de mărar uscată
- ¼ linguriță de usturoi pudră
- ¼ cană unt nesărat, rece și tăiat cubulețe
- 3 linguri de apa rece

INSTRUCȚIUNI:
a) Într-un bol de amestecare, combinați făina universală, sarea, iarba uscată de mărar și pudra de usturoi. Se amestecă aceste ingrediente uscate.

b) Adăugați untul nesarat rece, tăiat cubulețe, la ingredientele uscate. Folosiți un tăietor de patiserie sau degetele pentru a adăuga untul în amestecul de făină până când seamănă cu firimituri grosiere.

c) Adăugați treptat apa rece în amestec, câte o lingură, și amestecați până când aluatul începe să se oprească. Este posibil să nu aveți nevoie de toată apa; opriți când aluatul poate fi format într-o bilă.

d) Modelați aluatul într-un disc, înfășurați-l în folie de plastic și lăsați-l la frigider pentru cel puțin 30 de minute. Acest pas de răcire va ajuta aluatul să devină ferm și mai ușor de întins.

e) Preîncălziți cuptorul la 350 ° F (175 ° C) și tapetați o tavă de copt cu hârtie de copt.

f) Pe o suprafață ușor înfăinată, întindeți aluatul răcit la aproximativ 1/8 inch (0,3 cm) grosime. Puteți folosi un sucitor pentru asta.

g) Folosiți forme de prăjituri sau un cuțit pentru a tăia aluatul întins în formele dorite de biscuit. Puneți biscuiții tăiați pe foaia de copt pregătită.

h) Înțepați fiecare biscuit cu o furculiță pentru a preveni să se umfle prea mult în timpul coacerii.

i) Coaceți în cuptorul preîncălzit pentru aproximativ 12-15 minute, sau până când biscuiții devin maro auriu și crocanți.

j) Scoateți biscuiții din cuptor și lăsați-i să se răcească pe tava de copt câteva minute înainte de a le transfera pe un grătar pentru a se răci complet.

k) Odată ce biscuiții cu mărar s-au răcit complet, îi puteți păstra într-un recipient etanș timp de câteva zile.

13. Sage Crackers

Produce: Aproximativ 24 de portii

INGREDIENTE:
- 4 căni de făină
- 2 linguri Praf de copt
- 1½ linguriță Sare
- ¼ cană de salvie proaspătă tocată mărunt
- 1 cană de lapte
- ¾ cană ulei de măsline extravirgin (divizat)
- Sare grunjoasă
- Făină suplimentară pentru rulare

INSTRUCȚIUNI:
a) Preîncălziți cuptorul la 425°F (220°C).
b) Într-un castron mare, combinați făina, praful de copt, sarea și salvia proaspătă tocată mărunt. Amestecați bine pentru a amesteca aceste ingrediente uscate.
c) Adăugați laptele și ½ cană de ulei de măsline extravirgin la ingredientele uscate. Se amestecă până când amestecul se oprește și formează o minge de aluat.
d) Framanta usor aluatul de aproximativ 10 ori.
e) Împărțiți aluatul uniform în 16 bucăți.
f) Pe un blat curat sau o cârpă de patiserie pudrată ușor cu făină, turtiți fiecare bucată de aluat și întindeți-o cât mai subțire. Puteți întoarce aluatul des pentru a ușura rularea.
g) Puneți doi biscuiți pe fiecare foaie de copt.
h) Ungeți ușor vârful biscuiților cu puțin ulei de măsline rămas și stropiți-i cu sare grunjoasă.
i) Coaceți în cuptorul preîncălzit timp de 8-10 minute sau până când biscuiții devin maro auriu.
j) Odată copți, lăsați biscuiții de salvie să se răcească pe un grătar, neacoperiți.
k) Serviți biscuiții la temperatura camerei. Sunt cele mai bune atunci când sunt servite în decurs de 8 ore de la coacere, dar pot fi păstrate peste noapte într-un recipient ermetic. Dacă este necesar, le puteți pune într-un cuptor mic pentru a se re-crocanți înainte de servire.

l) Pentru a servi, rupeți biscuiții de salvie în bucăți și puneți-i într-un coș căptușit cu șervețele. Pot fi servite singure sau cu diverse tartine sau dips.

14. Biscuiți multicereale din semințe de in

Face: 4 portii

INGREDIENTE:
- 2 cani de faina de hrisca
- 1 lingură semințe de in
- 1 lingura de seminte de susan, prajite
- ¼ cană de ulei
- 1 lingurita Sare
- 1 lingurita zahar
- 1 linguriță fulgi de ardei iute roșu
- 1 lingurita amestec de ierburi (uscate)
- ½ cană apă rece

INSTRUCȚIUNI:
a) Pentru a începe să faceți Rețeta de biscuiți cu hrișcă, amestecați făina de hrișcă cu ulei, sare, zahăr, fulgi de chili, ierburi amestecate, semințe de in și susan prăjit într-un castron mare.
b) Textura ar trebui să arate ca pesmet. Adăugați mai mult ulei dacă este necesar pentru a obține textura potrivită.
c) Adăugați puțin câte puțin apă rece ca gheață, astfel încât să aveți un aluat bun, uniform și nelipicios. Ține-l deoparte timp de 10 minute.
d) Între timp, preîncălziți cuptorul la 180 de grade timp de 10 minute.
e) Întindeți aluatul pe o foaie de hârtie de copt. Rulează cât poți de subțire.
f) Cu ajutorul unui tăietor de pizza, tăiați aluatul în pătrate sau dreptunghiuri. Faceți niște înțepături folosind o furculiță.
g) Coacem 10-15 minute la 180 C sau pana se rumenesc si devine crocant. Aveți grijă să nu coaceți prea mult sau biscuiții de hrișcă se vor arde. Continuați să verificați după fiecare câteva minute.
h) Odată gata, scoateți tava de copt din cuptor, răciți biscuiții de hrișcă și serviți.
i) Serviți biscuiți cu hrișcă în timpul ceaiului cu o rețetă de dip de roșii și semințe de floarea soarelui și o rețetă de ceai cu gheață cu scorțișoară și portocale.

15. Biscuiți cu legume și ierburi

Produce: Aproximativ 1 porție

INGREDIENTE:
- 2 cani de faina
- 1 lingura de ulei
- ¼ cană fulgi de legume uscați (amestecati într-o pudră)
- ¼ cană de zahăr
- 1 lingurita Sare
- ½ lingurita de bicarbonat de sodiu
- ¼ cană de shortening, la temperatura camerei
- 2 lingurițe Ierburi amestecate (cum ar fi pătrunjel, arpagic, oregano, cimbru, tarhon, etc.)
- 1 lingurita sare de telina
- ¾ cană apă caldă

INSTRUCȚIUNI:
a) Începeți prin a pune fulgii de legume uscați într-un blender și amestecați-i până devin pudrați.
b) Într-un castron mare, amestecați toate ingredientele, cu excepția apei calde, până se omogenizează bine.
c) Adăugați treptat apa călduță la amestec și amestecați până se formează un aluat omogen.
d) Împărțiți aluatul în două părți egale, acoperiți-le și lăsați-le să stea 10 minute.
e) Preîncălziți cuptorul la 400°F (200°C).
f) Luați o porție din aluat și puneți-o pe o foaie de copt de 17 x 14 inci ușor unsă cu ulei. Se intinde pana la margini, tinand cont ca aluatul va fi foarte subtire. Puteți folosi făină suplimentară după cum este necesar pentru a preveni lipirea.
g) Folosiți o furculiță pentru a înțepa aluatul peste tot și apoi tăiați-l în pătrate de 1½ inch.
h) Coaceți în cuptorul preîncălzit pentru aproximativ 10 minute sau până când biscuiții devin crocanți, dar nu prea rumeniți.
i) Scoateți biscuiții copți din cuptor și transferați-i pe rafturi pentru a se răci.
j) Repetați procesul cu porțiunea rămasă de aluat.
k) Acești biscuiți cu legume sunt o opțiune de gustare delicioasă și savuroasă, care poate fi savurată pe cont propriu sau împreună cu dips-

urile și tartinele preferate. Bucurați-vă de amestecul unic de arome de legume uscate!

16.Biscuiți cu Chimen și Cayenne

Produce: aproximativ 50 de biscuiti

INGREDIENTE:
- 1⅔ cani de făină universală
- 1 lingurita sare
- ½ lingurita piper cayenne
- ¼ linguriță de chimen măcinat
- ¼ lingurita coriandru macinat
- 2 linguri de unt rece nesarat
- Zest de 1 lime
- ½ cană lapte cald

INSTRUCȚIUNI:
a) Preîncălziți cuptorul la 425°F (220°C). Tapetați o foaie de copt cu hârtie de copt sau un covor de copt din silicon.

b) Într-un castron mare, combinați ușor 1-⅔ cani de făină universală cu toate condimentele și condimentele, inclusiv 1 linguriță de sare, ½ linguriță de piper cayenne, ¼ de linguriță de chimen măcinat și ¼ de linguriță de coriandru măcinat.

c) Adaugati 2 linguri de unt rece nesarat in amestecul de faina. Folosiți-vă mâinile pentru a freca untul în făină, creând o textură asemănătoare cu nisipul liber.

d) Coaja de lime direct în amestec și aruncați-o rapid pentru a distribui uniform coaja.

e) Folosiți o lingură de lemn sau o spatulă de cauciuc pentru a amesteca ½ cană de lapte cald până se formează un aluat. Rețineți că amestecul poate părea inițial foarte uscat, dar puteți adăuga mici stropi de lapte după cum este necesar pentru a obține consistența potrivită.

f) Întoarceți jumătate din aluat pe o suprafață tapetă cu făină și întindeți-l cât mai subțire posibil. Scopul este de a obține o grosime subțire ca hârtie pentru biscuiți mai crocanți.

g) Folosiți un tăietor de 2-½ inci pentru a tăia cât mai multe rondele puteți gestiona din aluatul rulat. Așezați rondele pe foaia de copt pregătită. Poate fi necesar să lucrați în loturi.

h) Coaceți biscuiții în cuptorul preîncălzit timp de 3-5 minute sau până când devin umflați și devin aurii. Dacă aluatul tău nu a fost rulat foarte subțire, este posibil să ai nevoie de un timp de coacere puțin mai lung.

i) Lăsați biscuiții să se răcească pe un grătar în timp ce continuați să întindeți aluatul rămas și să coaceți mai multe loturi.

j) Odată răcit, serviți acești biscuiți delicioși de condimente de casă cu cremă de brânză și chutney fierbinte de mango sau dip-ul dvs. preferat.

17. Biscuiți cu sare de mare cu rozmarin

INGREDIENTE:
- 1 ½ cană de făină universală
- 1 lingurita sare de mare grunjoasa
- 1 lingurita zahar
- 1 lingura rozmarin proaspat tocat marunt
- 1 ½ lingurita ulei de masline
- ½ cană apă
- Sare de mare suplimentară pentru stropire, dacă se dorește

INSTRUCȚIUNI:
a) Preîncălziți cuptorul la 500°F.
b) Într-un castron, combinați făina, sarea, zahărul și rozmarinul tocat mărunt.
c) Adăugați apa și uleiul de măsline, apoi amestecați până când ingredientele sunt bine combinate.
d) Transferați aluatul pe o foaie de hârtie de copt, pudră ușor cu făină, asigurându-vă că este puțin mai mare decât foaia de copt. Rulați aluatul până când ajunge la o grosime de aproximativ ⅛th de inch, ocazional pudând cu făină pentru a preveni lipirea. Țintește-te pentru o grosime uniformă.
e) Dacă preferați, tăiați marginile, deoarece tind să fie mai subțiri și se pot rumeni mai repede la cuptor.
f) Folosiți un tăietor de pizza pentru a tăia aluatul în pătrate. Pentru o atingere opțională, ungeți pătratele cu puțină apă și stropiți cu sare de mare suplimentară. Apoi, folosiți o furculiță pentru a perfora fiecare pătrat de câteva ori.
g) Asezati hartia de copt cu aluatul pe o tava si introduceti-o in cuptorul preincalzit. Coborâți imediat temperatura la 425°F.
h) Coaceți timp de 12-17 minute sau până când biscuitii încep să devină aurii.

18. Dovlecei de iarnă și biscuiți cu ierburi

Produce: Aproximativ 1,5 tăvi

INGREDIENTE:
- ¾ cană semințe crude de floarea soarelui
- ½ cană de in auriu măcinat
- 2 lingurițe de condimente italiene cu ierburi
- 1 lingurita praf de ceapa
- 1 lingurita sare de Himalaya
- 1 tulpină de rozmarin (numai frunzele), tocată
- 3 tulpini de cimbru (numai frunze), tocate
- 3 căni de dovleac decojit și tăiat cuburi
- ½ cană apă filtrată
- 1 lingură de îndulcitor lichid (agave, sirop de arțar sau nectar de cocos)
- 1 catel de usturoi

INSTRUCȚIUNI:
a) Într-un robot de bucătărie, combinați semințele crude de floarea soarelui, condimentele italiene cu ierburi, praful de ceapă, sarea de Himalaya, cimbru tocat și rozmarinul tocat. Procesați amestecul până când ajunge la o consistență grosieră asemănătoare făinii.
b) Într-un blender, combinați dovleceii decojiți și tăiați cuburi, apa filtrată, îndulcitorul lichid și usturoiul. Mixați până obțineți un piure fin.
c) Transferați atât amestecul uscat, cât și piureul de dovleac într-un bol de amestecare. Amestecați-le până se omogenizează bine. Amestecul rezultat trebuie să aibă o consistență groasă.
d) Întindeți aluatul uniform pe o tavă de deshidratare tapetată cu hârtie de copt, folosind o spatulă offset. Asigurați-vă că aluatul nu este prea subțire sau are găuri. Dacă aluatul este gros și spatula se lipește, puteți scufunda spatula în apă înainte de a o întinde.
e) Setați temperatura deshidratorului la 115°F (46°C) și deshidratați aluatul timp de 1 oră. După această oră inițială, scoateți tăvile din deshidrator și folosiți o tăietură rotundă pentru prăjituri sau un cuțit pentru a întinde biscuiții în formele dorite.
f) Readuceți tăvile în deshidrator și continuați deshidratarea pentru încă 8 până la 10 ore.
g) Odată ce perioada inițială de deshidratare s-a încheiat, scoateți tăvile și răsturnați cu grijă biscuiții pe o tavă cu plasă. Continuați să

deshidratați încă 12 ore. În total, biscuiții ar trebui să sufere 21 până la 23 de ore de deshidratare până când sunt complet uscate.

h) Pentru o crocantitate optimă, depozitați acești biscuiți la congelator. Acestea își vor menține calitatea timp de câteva luni atunci când sunt depozitate la congelator. Bucurați-vă de dovleceii de iarnă și biscuiții cu ierburi nutritive și aromate!

19. Biscuiți cu in usturoi și ierburi

INGREDIENTE:
PENTRU CRACKERS:
- 1 ¾ cană făină de in măcinată
- ⅓-½ cană apă (după caz)
- ½ linguriță sare fină

PENTRU MIRODIENE ȘI IERburi:
- 1 lingurita praf de usturoi
- 1 lingurita ierburi de Provence

INSTRUCȚIUNI:
a) Preîncălziți cuptorul la 390 °F.
b) Într-un castron mare, combinați toate ingredientele uscate pentru biscuiți, inclusiv scorțișoara, usturoiul sau alte condimente la alegere.
c) Adăugați apă, începând cu ⅓ cană și amestecați până obțineți un aluat uniform. Dacă este necesar, adăugați mai multă apă.
d) Asezati aluatul intre doua foi de hartie de copt si, folosind un sucitor, intindeti-l pana devine super subtire.
e) Scoateți foaia de sus de hârtie de copt și puneți aluatul pe o tavă de copt.
f) Tăiați ușor aluatul în pătrate direct pe tava de copt.
g) Coaceți 30-40 de minute, sau până când biscuiții sunt crocanți, iar marginile lor sunt ușor rumenite (ai grijă să nu le arzi). Biscuiții de-a lungul marginilor exterioare se pot găti mai repede, așa că îi puteți scoate mai întâi din cuptor și continuați să coaceți biscuiții din centru până când sunt gata.
h) Odată copți, scoateți biscuiții din cuptor, lăsați-i să se răcească și depozitați-i într-un recipient ermetic.

20. Biscuiți cu brânză cu cimbru francez

Produce: Aproximativ 35 de biscuiti

INGREDIENTE:
- 2 căni de făină de speltă albă
- 1 ½ linguriță de sare
- ½ linguriță de zahăr
- 3 linguri de cimbru (proaspat sau uscat)
- ½ lingură de flori uscate de lavandă
- 4 linguri de unt nesarat, rece si taiate cubulete mici
- 1 cană de brânză Comté sau Gruyere rasă fin
- 1 cană de smântână groasă

TOPING:
- 1 albus de ou, putin batut
- Fulgi de sare de mare

INSTRUCȚIUNI:
a) Preîncălziți cuptorul la 375°F (180°C) sau coacerea prin convecție la 330°F (165°C).
b) Într-un robot de bucătărie, combinați făina de speltă albă, cimbrul, florile uscate de lavandă, sarea de mare și zahărul. Puls pentru a combina.
c) Adăugați cuburile de unt rece (4 linguri) în procesor. Pulsați până când amestecul seamănă cu o masă grosieră. Apoi adăugați brânza rasă și pulsați din nou de 2-3 ori.
d) În timp ce procesorul funcționează, turnați smântâna groasă. Procesați doar până când amestecul începe să formeze un aluat.
e) Pe o suprafață ușor înfăinată, frământați scurt aluatul și împărțiți-l în 2 bucăți egale, fiecare sub formă de dreptunghi. Înfășurați aluatul într-o cârpă de ceară de albine sau hârtie cerată la frigider pentru aproximativ 30-60 de minute.
f) Întindeți prima bucată de aluat pe o suprafață ușor înfăinată pentru a forma un dreptunghi lung și foarte subțire. Lățimea ar trebui să fie de aproximativ 7-8 inchi (18-20 cm). Folosiți un tăietor de pizza pentru a tăia aluatul în triunghiuri, de aproximativ 2 inchi (5 cm) lățime. Lăsați marginile superioare aspre pentru un aspect rustic.
g) Transferați triunghiurile pe o tavă de copt tapetată cu hârtie de copt. Ungeți fiecare triunghi cu albușul bătut spumă și stropiți ușor cu fulgi de

sare de mare. Repetați procesul cu al doilea lot. Puteți coace mai multe foi împreună cu coacere prin convecție, dacă este necesar.

h) Coaceți aproximativ 12-15 minute, apoi rotiți foile înapoi în față și continuați să coaceți încă 8-10 minute până când biscuiții se rumenesc frumos.

i) Lăsați biscuiții să se răcească complet înainte de a le depozita într-un recipient ermetic. Rămân proaspete aproximativ 2 săptămâni, deși tind să dispară mult mai repede în casa noastră!

21. Biscuiți cu brânză albastră și grâu spart

Produce: 5 duzini

INGREDIENTE:
- 1 cană făină universală
- ½ cană bulgur nefiert (grâu spart)
- ½ lingurita Sare
- ¼ linguriță de bicarbonat de sodiu
- ½ cană de zară cu conținut scăzut de grăsimi
- ¼ cană (1 uncie) brânză albastră mărunțită
- 2 linguri ulei vegetal
- 2 linguri făină universală, împărțită
- Spray de gatit pentru legume

INSTRUCȚIUNI:
a) Într-un castron mediu, combinați primele 4 ingrediente (făină, grâu spart, sare și bicarbonat de sodiu) și amestecați bine.
b) Adăugați zara, brânza albastră mărunțită și uleiul vegetal la ingredientele uscate, amestecând până formează un aluat moale. Aluatul va fi oarecum lipicios.
c) Împărțiți aluatul în 4 părți egale, modelând fiecare porție într-o bilă. Se presara 1 lingura de faina peste fiecare bila. Acoperiți-le și lăsați-le să se odihnească 5 minute.
d) Preîncălziți cuptorul la 375 grade F (190 grade C).
e) Pe o tavă de copt acoperită cu spray de gătit pentru legume, întindeți una dintre bile de aluat într-un dreptunghi subțire care măsoară aproximativ 10 x 6 inci. Pudrați aluatul cu ¾ de linguriță de făină, după cum este necesar, pentru a preveni lipirea de sucitor.
f) Scoateți aluatul făcând 4 tăieturi pe lungime și 2 tăieturi transversale pentru a forma 15 biscuiți. Înțepați fiecare biscuit în diagonală de 4 ori cu o furculiță.
g) Coaceți în cuptorul preîncălzit pentru aproximativ 11 minute sau până când biscuiții devin crocanți. Scoateți-le din tavă și lăsați-le să se răcească complet pe un grătar.
h) Odată răcit, separați biscuiții în bucăți individuale.
i) Repetați procedura de rulare și coacere cu aluatul și făina rămase.
j) Păstrați brânza albastră de casă și biscuiții de grâu crăpați într-un recipient ermetic.

22. Biscuiți Cheddar

Face: 6 portii

INGREDIENTE:
- ½ cană unt sau margarină
- 1½ cani de faina nealbita, cernuta
- ½ lingurita Sare
- 1 lingurita Praf de copt
- 2 căni de brânză Cheddar Extra Sharp, rasă fin
- O strop de piper Cayenne

INSTRUCȚIUNI:
a) Într-un castron, combinați făina cernută, sarea și praful de copt.
b) Tăiați untul în bucăți mici și adăugați-l la ingredientele uscate. Folosind un tăietor de patiserie sau degetele, amestecați untul în ingredientele uscate până când amestecul seamănă cu mălaiul grosier.
c) Adăugați brânza Cheddar Extra Sharp rasă fin la amestec și amestecați-o folosind o furculiță până se combină bine.
d) Amestecați un strop de piper cayenne pentru a adăuga puțină căldură la biscuiți. Ajustați cantitatea de cayenne după preferințele dvs. de gust.
e) Modelați amestecul în rulouri de 1½ până la 2 inci. Înfășurați rulourile în folie de plastic și lăsați-le la frigider timp de 30 până la 40 de minute până se întăresc.
f) Preîncălziți cuptorul la 400 de grade Fahrenheit (200 de grade Celsius).
g) Scoateți rulourile răcite din frigider și feliați fiecare rulou în felii subțiri, de aproximativ ¼ inch grosime.
h) Puneți biscuiții tăiați felii pe o foaie de biscuiți neunsă.
i) Coaceți în cuptorul preîncălzit pentru aproximativ 10 minute sau până când biscuiții devin maro auriu.
j) Scoateți biscuiții din foaia de biscuiți și lăsați-i să se răcească.
k) Păstrați biscuiții cheddar răciți în recipiente etanșe într-un loc răcoros. Ele vor rămâne proaspete timp de câteva săptămâni atunci când sunt depozitate în acest fel și le puteți chiar congela pentru depozitare pe termen mai lung.
l) Acești biscuiți cheddar de casă sunt o gustare delicioasă, cu o aromă bogată de brânză și o notă de condiment cayenne. Bucurați-vă!

23. Biscuiţi cu fondue cu brânză elveţiană

Produce: Aproximativ 80 de portii

INGREDIENTE:
- 1½ cani de faina universala
- ¼ lingurita Sare
- ¼ linguriță de piper proaspăt măcinat
- ⅛ linguriță de nucșoară
- ½ cană (½ baton) unt sau margarină, înmuiată
- 8 uncii de brânză elvețiană, mărunțită (2 până la 2-½ căni, împachetate lejer)
- ¼ cană apă

INSTRUCȚIUNI:
a) Preîncălziți cuptorul la 325°F (163°C).
b) Într-un castron mare sau folosind un robot de bucătărie, amestecați făina universală, sarea, piperul proaspăt măcinat și nucșoara.
c) Tăiați untul înmuiat până când amestecul seamănă cu o masă grosieră.
d) Adăugați brânza elvețiană mărunțită și amestecați până când îmbracă uniform amestecul.
e) Amestecați apa pentru a forma un aluat care se va ține împreună într-o bilă unită.
f) Împărțiți aluatul în 2 părți egale pentru rulare.
g) Pe o suprafață cu făină sau o cârpă de patiserie, întindeți fiecare porție la o grosime de aproximativ ⅜ inch.
h) Tăiați aluatul întins în pătrate de dimensiuni mici, de aproximativ 1 inch pe 1 inch.
i) Aranjați biscuiții tăiați pe o foaie de copt neunsă, asigurându-vă că marginile biscuiților nu se ating.
j) Coaceți în cuptorul preîncălzit timp de 15 minute. Apoi, întoarceți biscuiții și continuați să coaceți pentru încă 10 până la 15 minute, sau până când capătă o culoare maro mediu. Biscuiții ar trebui să fie crocante.
k) După coacere, transferați biscuiții pe gratele de răcire.
l) Acești biscuiți cu fondue sunt bogați, ușori și umpluți cu aroma încântătoare a brânzei elvețiene. Sunt un acompaniament minunat pentru vin, în special Gewurztraminer alsacian sau Riesling gri. Bucurați-vă!

24. Cowboy Crackers

Produce: Aproximativ 48 de portii

INGREDIENTE:
- 2 pungi (1 ¾ uncie fiecare) chipsuri de cartofi cu aromă de mesquite
- 3 uncii (¾ cană) brânză Chihuahua sau Monterey Jack, mărunțită
- 6 linguri de unt nesarat, racit, taiat in 6 bucati
- 2 căni de făină universală
- 1 lingurita mustar uscat
- ⅛ linguriță de sare
- 4 linguri apă cu gheață

INSTRUCȚIUNI:
a) Zdrobiți chipsurile de cartofi cu aromă de mezquite într-un robot de bucătărie sau blender până devin firimituri fine.
b) Adaugam branza maruntita si amestecam pana cand branza este tocata marunt si bine combinata cu pesmetul.
c) Dacă folosiți un robot de bucătărie, adăugați untul răcit, tocat și procesați scurt până când untul este tocat la dimensiunea unei mazăre mică.
d) Apoi adăugați făina universală, muștarul uscat și sarea. Procesați suficient pentru a combina ingredientele. Scoateți capacul și stropiți uniform cu apă cu gheață peste aluat. Procesați din nou până când aluatul se adună.
e) Dacă preferați să terminați aluatul manual, transferați amestecul de brânză și chipsuri de cartofi într-un bol de amestecare.
f) Adăugați untul răcit, tocat și folosiți un blender de patiserie sau o furculiță pentru a adăuga untul în amestec până când ajunge la dimensiunea unei mazăre mică.
g) Adăugați făina universală, muștarul uscat și sarea și amestecați pentru a se combina. Apoi adaugam apa si amestecam cu o furculita pana se formeaza aluatul.
h) Transferați aluatul într-o pungă mare de plastic pentru alimente. Treceți prin pungă pentru a forma aluatul într-o bilă și aplatizați-l într-un disc. Dați aluatul la frigider până când este suficient de ferm pentru a se rula, ceea ce ar trebui să dureze aproximativ 30 de minute.
i) Preîncălziți cuptorul la 400 de grade Fahrenheit (200 de grade Celsius).

j) Întindeți aluatul pe o suprafață cu făină până la o grosime uniformă de ¼ inch sau puțin mai puțin. Folosiți forme pentru prăjituri pentru a tăia aluatul în formele dorite.
k) Transferați formele tăiate pe o tavă de copt neunsă.
l) Coaceți în cuptorul preîncălzit până când biscuiții devin aurii, ceea ce ar trebui să dureze aproximativ 8 până la 10 minute.
m) Odată copți, transferați biscuiții pe un grătar pentru a se răci.
n) Păstrați biscuiții cowboy răciți în recipiente etanșe pentru a le păstra proaspete.
o) Acești biscuiți cowboy aromați, cu combinația lor de chips de cartofi mesquite și brânză, sunt o gustare sau un aperitiv delicios pentru orice ocazie. Bucurați-vă!

25. Biscuiți picant cu roșii și brânză

INGREDIENTE:

- 1 cană de făină universală
- 4 linguri de unt rece, tăiate cubulețe
- 8 uncii de brânză cheddar rasă
- ½ linguriță de sare cușer (plus suplimentar pentru topping)
- ¼ lingurita de praf de ceapa
- ¼ linguriță de usturoi pudră
- ½ linguriță de boia afumată
- ½ linguriță de pudră de chili chipotle
- 6 până la 8 linguri de V8 sau suc de roșii

INSTRUCȚIUNI:

a) Combinați toate ingredientele, mai puțin sucul de roșii, într-un robot de bucătărie. Pulsați până când amestecul este bine combinat și seamănă cu firimiturile grosiere.

b) Cu robotul de bucătărie în funcțiune, adăugați treptat sucul de roșii sau V8, câte o lingură, până când aluatul începe să se unească.

c) Transferați aluatul pe o suprafață cu făină și frământați-l pentru scurt timp. Modelați-l într-un disc plat, înfășurați-l într-o folie de plastic și lăsați-l la rece cel puțin o oră. Este util să-l modelați într-un pătrat înainte de a se răci.

d) Odată răcit, întindeți aluatul la aproximativ ⅛ inch grosime și tăiați-l în pătrate. Aranjați pătratele pe o foaie de copt tapetată cu hârtie de copt, lăsând puțin spațiu între ele. Se umflă, dar nu se răspândesc prea mult, așa că pot fi așezate strâns unul dintre ele.

e) Folosiți o bețișoară sau capătul plat al unei frigărui de bambus pentru a face o gaură în centrul fiecărui biscuit. Stropiți-le ușor cu sare cușer.

f) Coaceți la 400 ° F (200 ° C) timp de 15 până la 17 minute sau până când sunt bine rumenite pe margini. Apoi, transferați-le pe un grătar de răcire; vor deveni mai crocante pe măsură ce se răcesc.

g) Păstrați biscuiții bine acoperiți timp de până la o săptămână, deși sunt la maxim atunci când sunt savurați la scurt timp după ce le-ați făcut.

h) Dacă biscuiții devin moi cu timpul, îi puteți re-crocanți coaceți la 350 ° F (175 ° C) timp de aproximativ 5 minute.

26.Biscuiți cu brânză Sriracha

INGREDIENTE:
- 1 cană făină integrală de patiserie
- ¾ linguriță sare de mare
- 4 linguri de unt rece, taiate bucatele
- 1 cană brânză cheddar rasă
- ½ până la 1½ lingurițe Sriracha
- 3 linguri de apa rece
- Sare grunjoasă și ulei pentru topping

INSTRUCȚIUNI:

a) În bolul unui robot de bucătărie, combinați făina integrală de patiserie de grâu, sarea de mare și bucățile de unt rece.

b) Pulsați până când untul este complet încorporat și nu mai rămân bucăți mari.

c) Adaugati branza cheddar rasa si procesati pana se omogenizeaza bine.

d) Adăugați Sriracha și apa rece la amestec în robotul de bucătărie. Pulsați până când amestecul formează o minge de aluat. Scoateți aluatul din procesor, puneți-l pe o bucată de hârtie ceară, aplatizați-l ușor și înveliți-l cu hârtie ceară. Dați la frigider aproximativ o oră.

e) Preîncălziți cuptorul la 350 de grade Fahrenheit (175 de grade Celsius). Făinați ușor o placă de tăiat și întindeți jumătate din aluat până la o grosime uniformă de ⅛ inch, păstrând în același timp cealaltă jumătate acoperită cu hârtie ceară. Puteți folosi un tăietor de pizza pentru a tăia aluatul în pătrate, triunghiuri sau dreptunghiuri. Nu vă faceți griji prea mult pentru a obține forme perfect uniforme.

f) Pulverizați blatul biscuiților ușor cu ulei de măsline și stropiți-i cu stropi de sare grunjoasă înainte de a le transfera pe o tavă de copt tapetată cu hârtie de copt sau un covor de silicon. Lăsați puțin spațiu între fiecare biscuit; nu se răspândesc mult, dar nu ar trebui să se atingă.

g) Coaceți timp de 10-15 minute, rotind foaia de copt la jumătate, dacă este necesar pentru o gătit uniform. Biscuiții ar trebui să devină în mare parte maro auriu, dar vor exista unele variații, unele fiind mai închise decât altele. Dacă preferați, le puteți elimina pe cele mai închise la culoare și continua să le coaceți pe celelalte, dar nu este necesar. Cele mai ușoare vor fi totuși crocante, deși ar putea avea și o textură ușor mestecată.

h) Repetați procesul de rulare și tăiere cu jumătatea rămasă de aluat în timp ce primul lot se coace.

i) Lăsați biscuiții să se răcească complet pe un grătar și apoi depozitați-le într-un recipient ermetic. Ar trebui să rămână crocante până la o săptămână, dar s-ar putea să nu reziste atât de mult, mai ales dacă vă bucurați de ele la fel de mult ca și noi!

27. Biscuiți asiatici cu brânză de vaci

Produce: 3

INGREDIENTE:
- 400 de grame de brânză de vaci
- 200 de grame de roșii cocktail
- 160 de grame de făină
- 1 cană de busuioc proaspăt
- 1 cană de arpagic proaspăt
- 1 lingura de ulei de masline
- 1 lingura de ierburi asiatice
- Un praf de sare de mare grosieră
- Un praf de boabe întregi de piper curcubeu

INSTRUCȚIUNI:
a) Preîncălziți cuptorul la 200°C (392°F) pentru a asigura cele mai bune rezultate pentru biscuiți.
b) Începeți prin a spăla roșiile cocktail, le eliminați sucul și semințele și le tăiați mărunt. Tăiați subțiri busuiocul proaspăt și arpagicul.
c) Într-un castron, combinați brânza de vaci, busuiocul proaspăt și arpagicul proaspăt cu făina. Asezonați amestecul cu un praf de sare de mare Kotányi și boabe de piper curcubeu după gustul dvs. Se amestecă 1 lingură de ierburi asiatice Kotányi și se amestecă bine.
d) Tapetați o tavă de copt cu hârtie de copt și stropiți-o cu ulei de măsline. Formați amestecul în rondele și puneți-le pe tavă. Coaceți în cuptorul preîncălzit pentru aproximativ 8-10 minute. Nu uitați să întoarceți rondele la jumătatea timpului de gătire și să le acoperiți cu roșiile tăiate mărunt.

28.Biscuiți de secară de chimen

Produce: Aproximativ 1 porție (poate fi înmulțit pentru mai multe porții)

INGREDIENTE:
- 1 cană făină de secară
- ¾ cană făină universală
- 2 lingurițe de semințe de chimen
- 1 lingurita zahar
- ¾ lingurita de bicarbonat de sodiu
- ½ linguriță sare de usturoi
- ¼ linguriță sare de ceapă
- ⅓ cană de ulei
- 4 până la 5 lingurițe de apă cu gheață

INSTRUCȚIUNI:
a) Preîncălziți cuptorul la 350°F (175°C).
b) Într-un castron mediu, combinați făina de secară, făina universală, semințele de chimen, zahărul, bicarbonatul de sodiu, sarea de usturoi și sarea de ceapă.
c) Adăugați uleiul la ingredientele uscate și amestecați cu o furculiță până când amestecul este umezit.
d) Presărați apă cu gheață peste amestec, câte 1 lingură, în timp ce amestecați, până când amestecul se îmbină și formează o minge de aluat.
e) Împărțiți aluatul în jumătate.
f) Pune jumătate din aluat între două foi mari de hârtie cerată.
g) Întindeți aluatul la o grosime de aproximativ 1/16 inch.
h) Scoateți foaia de sus de hârtie cerată și tăiați aluatul rulat în forme de 1 ½ inch folosind un cuțit sau un tăietor de prăjituri.
i) Repetați procesul de rulare și tăiere cu jumătatea rămasă de aluat.
j) Puneți biscuiții tăiați pe o foaie de copt neunsă și folosiți o furculiță pentru a înțepa fiecare biscuit de 2 sau 3 ori.
k) Coaceți în cuptorul preîncălzit timp de 10 până la 15 minute sau până când biscuiții sunt crocanți și au căpătat o culoare maro auriu.
l) Scoateți biscuiții din foaia de copt și puneți-i pe un grătar pentru a se răci.
m) Acești biscuiți cu chimen de secară sunt o gustare delicioasă, cu o aromă unică. Simțiți-vă liber să înmulțiți rețeta pentru a face mai multe porții, dacă este necesar. Bucurați-vă!

29. Biscuiți de fenicul și ceapă

Produce: Aproximativ 70 de portii

INGREDIENTE:
- 2 căni de făină universală
- 2 linguri seminte de fenicul
- 1½ linguriță Sare
- 1 lingurita piper negru
- ¼ cană plus 2 linguri Scurtare
- 2 linguri (¼ de baton) unt sau margarina, inmuiate
- 1¼ cani ceapa tocata (aproximativ o ceapa medie)
- 2 linguri de apă

INSTRUCȚIUNI:
a) Preîncălziți cuptorul la 375 ° F (190 ° C).
b) Începeți prin a măcina aproximativ semințele de fenicul. Puteți folosi o moară alimentară sau un blender sau le puteți toca manual cu un cuțit. Poate doriți să măcinați un lot mai mare pentru a le avea la îndemână pentru rețetele viitoare. Dacă doriți o aromă mai puternică de fenicul, măcinați câteva semințe suplimentare pentru a le presăra deasupra biscuiților.
c) Într-un robot de bucătărie sau într-un bol mare de amestecare, combinați făina universală, semințele de fenicul măcinate, sarea și piperul negru.
d) Tăiați scurtarea și untul înmuiat până când amestecul seamănă cu o masă grosieră.
e) Se amestecă ceapa tocată, apoi se adaugă suficientă apă pentru a forma un aluat neted, care se va ține împreună într-o bilă unită.
f) Împărțiți aluatul în 2 părți egale pentru rulare.
g) Pe o suprafață cu făină sau o cârpă de patiserie, întindeți fiecare porție într-un dreptunghi care are o grosime de ⅛ până la ¼ inch.
h) Dacă doriți, presărați ușor și uniform aluatul întins cu semințe de fenicul măcinate în plus. Rotiți ușor sucitorul peste aluat pentru a le apăsa.
i) Folosiți un cuțit ascuțit pentru a tăia aluatul în pătrate de 2 inci, apoi transferați aceste pătrate într-o tavă de copt neunsă.
j) Înțepați fiecare pătrat de 2 sau 3 ori cu dinții unei furculițe.
k) Coaceți în cuptorul preîncălzit timp de 15 până la 20 de minute sau până când biscuiții devin maro auriu pe margini.

l) Odată copți, scoateți biscuiții de fenicul și ceapă din cuptor și lăsați-i să se răcească pe un grătar.

m) Acești biscuiți aromați sunt fulgii, fragezi și crocanți, cu gustul distinct de fenicul și adaosul savuros de ceapă tocată. Bucurați-vă de gustul lor captivant!

30. Biscuiți Super Semințe

Produce: 64 de biscuiți

INGREDIENTE:
- 250 de grame de făină de pâine albă tare sau făină universală
- 25 de grame de seminte de dovleac
- 25 de grame de semințe de in
- 25 de grame de seminte de floarea soarelui
- 15 grame de seminte de susan
- 5 grame de mac
- 50 de grame de ulei de măsline
- 5 grame sare de mare fină
- 100 de grame de apă

INSTRUCȚIUNI:
a) Preîncălziți cuptorul la 335 ° F (170 ° C) și tapetați două tăvi de copt cu hârtie de copt. Pune-le deoparte.
b) Se cântăresc toate ingredientele într-un bol de amestecare.
c) Combinați ingredientele timp de 15 secunde la viteza 3.
d) Frământați amestecul timp de 1 minut și 30 de secunde.
e) Întindeți aluatul pe o suprafață de lucru ușor înfăinată.
f) Înjumătățiți aluatul.
g) Întindeți fiecare porție foarte subțire, aproximativ 1-2mm grosime.
h) Tăiați aluatul în pătrate sau dreptunghiuri sau folosiți un tăietor de prăjituri pentru a crea cercuri.
i) Puneți biscuiții tăiați pe tava de copt pregătită.
j) Coacem in cuptorul preincalzit 20-25 de minute sau pana sunt gata.
k) Lăsați biscuiții să se răcească și depozitați-le într-un recipient ermetic.
l) Acești biscuiți cu semințe super sănătoși nu sunt doar delicioși, ci și plini de ingrediente nutritive. Sunt perfecte pentru gustare și pot fi un plus grozav pentru mesele tale. Bucurați-vă!

31. Cracker de hrișcă și semințe de in

Face: 4 portii

INGREDIENTE:
- 2 căni de făină de hrișcă (Kuttu Ka Atta)
- 1 lingură semințe de in
- 1 lingură de semințe de susan (semințe de Til), prăjite
- ¼ cană de ulei
- 1 lingurita Sare
- 1 lingurita zahar
- 1 linguriță fulgi de ardei iute roșu
- 1 lingurita amestec de ierburi (uscate)
- ½ cană apă rece

INSTRUCȚIUNI:
a) Amestecați făina de hrișcă cu ulei, sare, zahăr, fulgi de chili, ierburi amestecate, semințe de in și susan prăjit într-un castron mare. Textura ar trebui să arate ca pesmet. Adăugați mai mult ulei dacă este necesar pentru a obține textura potrivită.
b) Adăugați puțin câte puțin apă rece ca gheață, astfel încât să aveți un aluat bun, uniform și nelipicios. Ține-l deoparte timp de 10 minute.
c) Între timp, preîncălziți cuptorul la 180°C (356°F) timp de 10 minute.
d) Întindeți aluatul pe o foaie de hârtie de copt. Rulează-l cât poți de subțire.
e) Cu ajutorul unui tăietor de pizza, tăiați aluatul în pătrate sau dreptunghiuri. Faceți niște înțepături folosind o furculiță.
f) Coaceți 10-15 minute la 180°C (356°F) sau până când încep să se rumenească și devin crocante. Aveți grijă să nu coaceți în exces, altfel biscuiții de hrișcă se vor arde. Continuați să verificați după fiecare câteva minute.
g) Odată gata, scoateți tava de copt din cuptor, răciți biscuiții de hrișcă și serviți.

32. Biscuiți cu semințe de floarea soarelui

Produce: Aproximativ 32 de biscuiti

INGREDIENTE:
- 1 cană de sâmburi cruzi de semințe de floarea soarelui
- ½ cană de parmezan ras
- ¼ cană de apă

INSTRUCȚIUNI:
a) Începeți prin a preîncălzi cuptorul la 325 ° F (163 ° C).
b) Într-un robot de bucătărie, combinați sâmburii cruzi de semințe de floarea soarelui și parmezanul ras. Procesați până când obțin o textură fină.
c) Adăugați o cantitate mică de apă și presă amestecul de câteva ori până se formează un aluat.
d) Așezați aluatul pe un covor de copt din silicon și acoperiți-l cu un alt covoraș de silicon. Folosiți un sucitor pentru a aplatiza aluatul până aproape că acoperă suprafața covorașului.
e) Se taie aluatul în pătrate sau dreptunghiuri; randamentul va fi în jur de 32 de biscuiți, în funcție de dimensiunea preferată.
f) Coaceți biscuiții timp de 25-30 de minute sau până devin tari.
g) Lăsați biscuiții să se răcească complet, apoi rupeți-i ușor în bucăți individuale. Păstrați-le într-un recipient ermetic.

33. Biscuiți crocanți din semințe de dovleac

INGREDIENTE:

- 1 cană de semințe de dovleac
- ½ cană de făină de hrișcă
- 1 lingurita de sare celtica
- 5 linguri de apă filtrată
- Opțional: ierburile și condimentele preferate

INSTRUCȚIUNI:

a) Începeți prin a adăuga semințe de dovleac, făină de hrișcă și sare celtică la robotul de bucătărie. Pulsați până obțineți o consistență aspră asemănătoare făinii. Dacă doriți biscuiți aromați, puteți încorpora și ierburile și condimentele preferate în această etapă.

b) Adăugați apa filtrată și amestecați din nou până când aluatul începe să se unească și să se lipească ușor. Asigurați-vă că opriți și răzuiți părțile laterale ale procesorului după cum este necesar. Reglați consistența adăugând o lingură suplimentară de apă sau mai multă făină de hrișcă dacă este necesar.

c) Adunați aluatul într-o bilă cu mâinile. Se aseaza pe o tava tapetata cu hartie de copt. Folosiți-vă mâinile pentru a aplatiza aluatul într-o formă mai mult sau mai puțin pătrată.

d) Rulați aluatul la o grosime de aproximativ 0,3 cm folosind un sucitor. Dacă se lipește de sucitor, îl poți rula între două foi de hârtie de copt.

e) Folosiți un cuțit sau un tăietor de pizza pentru a tăia aluatul rulat în formele dorite de biscuit.

f) Coaceți în cuptorul preîncălzit la 150°C (302°F) pentru aproximativ 40 de minute sau până când biscuiții capătă o culoare maro auriu.

g) Lăsați biscuiții să se răcească complet pe tava de copt.

h) Păstrați biscuiții cu semințe de dovleac de casă într-un recipient ermetic pentru a vă bucura pe viitor.

34.Inimi de cânepă și biscuiți cu semințe amestecate

INGREDIENTE:
- ½ cană inimi de cânepă
- ½ cană semințe de floarea soarelui
- ½ cană semințe de dovleac
- ¼ cană semințe de susan
- ¼ cană semințe de mac
- ¼ cană semințe de chia
- ¼ cană semințe de in
- ½ linguriță Sare
- 1 cană de apă
- Sare de mare fulgioasa, de presarat

INSTRUCȚIUNI:
a) Preîncălziți cuptorul la 170°C (340°F).
b) Într-un castron, combinați toate semințele și sarea.
c) Se toarnă apa și se amestecă pentru a se combina. Lăsați-l să stea timp de 15 minute pentru a permite ca semințele de chia și de in să se înmoaie și să lege amestecul.
d) Tapetați o tavă de copt cu hârtie de copt. Transferați amestecul de semințe pe tavă și întindeți-l cât mai subțire posibil, urmărind o grosime de aproximativ 4 mm. Asigurați-vă că nu există găuri. Peste amestec se presară uniform puțină sare de mare.
e) Coaceți timp de 30 de minute.
f) Scoateți tava din cuptor și folosiți un tăietor de pizza sau un cuțit pentru unt pentru a tăia foaia în dimensiunile dorite. Reintroduceți tava la cuptor și coaceți încă 20-30 de minute până când biscuiții devin crocante, cu o culoare ușor aurie.
g) Scoateți tava din cuptor și puneți biscuiții pe un grătar pentru a se răci complet.
h) Odată ce se răcesc, depozitați biscuiții într-un recipient etanș până când sunteți gata să le savurați.
i) Bucurați-vă!

35.Biscuiti de cafea

Produce: Aproximativ 45 de portii

INGREDIENTE:
- ¾ cană făină universală
- ¾ cană făină de ovăz
- ¼ cană de zahăr
- 4 linguri (½ baton) unt sau margarina, inmuiate
- ⅓ cană cafea tare preparată, răcită

INSTRUCȚIUNI:
a) Preîncălziți cuptorul la 325°F (163°C).
b) Într-un castron mare sau folosind un robot de bucătărie, combinați făina universală, făina de ovăz și zahărul.
c) Tăiați untul înmuiat până când amestecul seamănă cu o masă grosieră.
d) Adăugați cafeaua tare preparată și amestecați până când amestecul formează un aluat care se ține împreună într-o minge unită.
e) Împărțiți aluatul în 2 părți egale pentru rulare.
f) Pe o suprafață cu făină sau o cârpă de patiserie, întindeți fiecare porție de aluat până la o grosime de aproximativ ⅛ inch.
g) Folosiți un cuțit ascuțit sau un tăietor de prăjituri pentru a tăia aluatul întins în forme de 2 inci.
h) Puneți biscuiții tăiați pe o foaie de copt ușor unsă sau tapetată cu pergament.
i) Înțepați fiecare biscuit în 2 sau 3 locuri folosind dinții unei furculițe.
j) Coaceți în cuptorul preîncălzit timp de 12 până la 18 minute sau până când biscuiții capătă o culoare maro mediu.
k) Scoateți biscuiții de cafea din cuptor și lăsați-i să se răcească pe un grătar.
l) Acești biscuiți de cafea sunt un deliciu unic și încântător, cu aroma pronunțată a cafelei proaspăt preparate. Pot fi savurate ca o gustare versatilă sau servite cu diverse ocazii, de la brunch la desert. Bucurați-vă!

36.Biscuiți cu condimente Chai

INGREDIENTE:
- 1 cană de făină universală (120 g)
- 1 lingura frunze de ceai negru pudrate (din pliculete de ceai)
- ½ lingurita de scortisoara macinata
- ¼ de linguriță cardamom măcinat
- ¼ linguriță de ghimbir măcinat
- ¼ linguriță de praf de copt
- ¼ lingurita sare
- 2 linguri de unt nesarat, rece si taiate cubulete
- ¼ cană lapte (60 ml)

INSTRUCȚIUNI:
a) Începeți prin a preîncălzi cuptorul la 350 ° F (180 ° C).
b) Într-un bol de amestecare, combinați făina universală, frunzele de ceai negru pudră, scorțișoara măcinată, cardamomul măcinat, ghimbirul măcinat, praful de copt și sarea. Amestecați ingredientele uscate până când sunt bine amestecate.
c) Adăugați untul nesărat rece, tăiat cuburi la amestecul de ingrediente uscate.
d) Folosiți un tăietor de patiserie sau vârfurile degetelor pentru a adăuga untul în amestecul de făină până când seamănă cu firimituri grosiere. Acest pas poate dura câteva minute.
e) Se toarnă laptele în amestec și se amestecă până se formează un aluat. Aluatul trebuie să se îmbine și să fie ușor lipicios.
f) Pe o suprafață cu făină, întindeți aluatul într-o foaie subțire, uniformă. Puteți folosi un sucitor în acest scop. Țintește-te pentru o grosime de aproximativ ⅛ inch.
g) Folosiți forme de prăjituri sau un cuțit pentru a tăia aluatul în formele dorite de biscuit. Asezati aceste bucati taiate pe o tava tapetata cu hartie de copt.
h) Introduceți foaia în cuptorul preîncălzit și coaceți aproximativ 10-12 minute, sau până când biscuiții devin maro auriu. Urmăriți-le îndeaproape deoarece timpul de coacere poate varia în funcție de grosime.
i) Odată copți, scoateți biscuiții din cuptor și lăsați-i să se răcească complet pe un grătar. Vor deveni mai crocante pe măsură ce se răcesc.

37. Biscuiți cu matcha

Produce: 3

INGREDIENTE:

- 1 ½ cană de făină universală
- 1 lingură Aiya's Culinary Grade Matcha
- 1 lingurita zahar
- 1 lingurita sare
- ½ lingură ulei de măsline
- 2 linguri de unt, topit
- ½ cană apă

INSTRUCȚIUNI:
a) Preîncălziți cuptorul la 450°F (230°C).
b) Într-un castron, cerne împreună făina, Matcha, zahărul și sarea.
c) Adăugați încet uleiul de măsline, untul topit și apa la ingredientele uscate. Se amestecă până se formează un aluat moale. Dacă mai sunt fulgi uscați în partea de jos, adăugați câte o linguriță de apă până când se încorporează complet.
d) Împărțiți aluatul în jumătate și modelați fiecare porție în două cuburi mari.
e) Pe o suprafață cu făină, întindeți unul dintre cuburile de aluat până când este de ⅛ inch grosime sau mai subțire. Obținerea grosimii potrivite este crucială pentru ca biscuiții să devină crocante în timpul coacerii.
f) Dacă aluatul se strânge înapoi, lăsați-l să se odihnească câteva minute, apoi continuați să-l întindeți uniform.
g) Tăiați aluatul întins în formele de biscuit dorite.
h) Ungeți ușor vârfurile biscuiților cu apă și presărați un praf de sare pe fiecare biscuit.
i) Coaceți biscuiții în cuptorul preîncălzit timp de 13-14 minute sau până când marginile devin ușor aurii.
j) Odată copți, acoperiți biscuiții cu brânză ricotta și căpșuni feliate pentru un răsfăț delicios.

38. Biscuiți Mocha

INGREDIENTE:
- 1 cană de făină universală
- 2 linguri pudra de cacao neindulcita
- 2 linguri granule de cafea instant
- ½ cană unt nesărat, rece și tăiat cubulețe
- ½ cană de zahăr pudră
- ¼ lingurita sare
- ½ linguriță extract de vanilie
- ¼ cană mini chipsuri de ciocolată (opțional)
- Zahăr pudră pentru pudrat (opțional)

INSTRUCȚIUNI:

a) Într-un robot de bucătărie, combinați făina universală, pudra de cacao neîndulcită și granulele de cafea instant. Pulsați de câteva ori pentru a le amesteca.

b) Adaugati untul nesarat rece, taiat cubulete in robotul de bucatarie. Pulsați până când amestecul seamănă cu firimituri grosiere.

c) Adăugați zahărul pudră, sarea și extractul de vanilie în robotul de bucătărie.

d) Pulsați din nou până când amestecul se reunește într-un aluat. Dacă folosiți mini chipsuri de ciocolată, le puteți adăuga în această etapă și le puteți mai pulsa de câteva ori pentru a le distribui uniform în aluat.

e) Întoarceți aluatul pe o suprafață ușor înfăinată și frământați-l de câteva ori pentru a-l aduna într-o bilă netedă. Împărțiți aluatul în jumătate și modelați fiecare jumătate într-un buștean de aproximativ 1 ½ inch (4 cm) în diametru.

f) Înfășurați buștenii de aluat în folie de plastic și lăsați-le la frigider pentru cel puțin 1 oră sau până când sunt tari.

g) Preîncălziți cuptorul la 350 ° F (175 ° C) și tapetați o tavă de copt cu hârtie de copt.

h) Scoateți buștenii de aluat din frigider și tăiați-i rondele groase de ¼ inch (0,6 cm). Așezați rondele pe foaia de copt pregătită, distanțați-le la aproximativ 2,5 cm.

i) Coaceți în cuptorul preîncălzit timp de 12-15 minute sau până când marginile biscuiților încep să devină aurii.

j) Scoateți biscuiții din cuptor și lăsați-i să se răcească pe tava de copt câteva minute înainte de a le transfera pe un grătar pentru a se răci complet.

k) Dacă doriți, pudrați biscuiții moca răciți cu zahăr pudră pentru o notă decorativă.

39. Biscuiți cu hrișcă și rozmarin

INGREDIENTE:
- 140 g faina de hrisca (1 cana)
- 100 g migdale macinate (1 cana)
- 1 lingura de seminte de in macinate
- 1 lingurita sare de mare
- Piper negru după gust
- 1-2 lingurițe de rozmarin proaspăt tocat
- 2 linguri ulei de masline
- 95 ml apă (⅓ cană + 1 lingură)

INSTRUCȚIUNI:

a) Preîncălziți cuptorul la 200°C (ventilator 180°C). Pregătiți două foi de copt.

b) Într-un castron, amestecați făina de hrișcă, migdalele măcinate, semințele de in, sare de mare, piper negru și rozmarinul tocat. Pune acest amestec uscat deoparte.

c) Amesteca uleiul de masline cu apa si adauga-l la ingredientele uscate.

d) Se combină totul într-un aluat și se frământă pe o suprafață pana devine netedă. Puteti ajusta consistenta aluatului adaugand putina apa sau faina. Ar trebui să fie neted, nu lipicios sau prea uscat.

e) Împărțiți aluatul în două părți egale.

f) Luați o porție și puneți-o între două foi de hârtie de copt rezistentă la grăsime. Întindeți-l până când are aproximativ 2 mm grosime.

g) Scoateți stratul superior de hârtie de copt și tăiați aluatul în 16 felii, așa cum ați tăia o pizza. Folosește o furculiță pentru a înțepa fiecare biscuit de câteva ori.

h) Transferați biscuiții tăiați pe o tavă de copt păstrând în același timp stratul inferior de hârtie.

i) Coaceți în cuptorul preîncălzit timp de 10-15 minute. Urmăriți cu atenție biscuiții, deoarece marginile exterioare tind să se coacă mai repede. Poate fi necesar să le rearanjați pentru a asigura o coacere uniformă.

j) Repetați procesul de rulare și tăiere cu a doua porție de aluat.

k) Păstrați biscuiții într-un recipient ermetic timp de până la o săptămână.

l) Bucurați-vă de acești biscuiți de hrișcă și rozmarin delicioși fără gluten și vegani împreună cu dip-ul preferat sau pe cont propriu.

40. Biscuiți crocanți de orez

INGREDIENTE:

- 1 cană făină de orez (250 grame)
- ½ cană făină universală
- Sarat la gust
- 1 lingură fulgi de chili roșu
- O mână de frunze de coriandru sau pătrunjel tocate mărunt
- 1 ½ linguriță de semințe de susan albe prăjite
- 1 lingurita de seminte de fenicul sau de carambol
- 1 lingură semințe de chimen prăjite
- Ulei pentru prajit (dupa nevoie) plus 2 linguri pentru aluat
- Apă, la nevoie (pentru a frământa aluatul)

INSTRUCȚIUNI:

a) Într-un castron, combinați 1 cană de făină de orez și ½ cană de făină universală.
b) Adăugați sare după gust și toate ingredientele rămase, cu excepția apei și a uleiului, în bol.
c) Se amestecă toate ingredientele uscate pana se omogenizează bine.
d) Turnați 2 linguri de ulei în amestec și amestecați pentru a crea o textură sfărâmicioasă.
e) Adăugați treptat apă la amestec și frământați până se formează un aluat tare.
f) Acoperiți aluatul și lăsați-l să se odihnească 15 minute.
g) După odihnă, împărțiți aluatul în 3 părți egale.
h) Încinge uleiul pentru prăjire și pune-l deoparte.
i) Întindeți o porție de aluat subțire. Puteți folosi forme sau tăietori la alegere pentru a tăia bucăți mici din aluatul rulat.
j) Repetați același proces pentru porțiunile rămase de aluat.
k) Prăjiți bucățile decupate în loturi, folosind foc mic spre mediu, până devin maro deschis.
l) Puneți biscuiții de orez prăjit pe hârtie absorbantă pentru a îndepărta orice exces de ulei.
m) Lăsați biscuiții de orez să se răcească complet. Odată răcit, păstrați-le într-un recipient ermetic.
n) Acești biscuiți crocanți de orez de casă sunt perfecți pentru a le savura cu ceașca ta preferată de ceai sau ca o gustare satisfăcătoare.

41. Biscuiți de orez sălbatic

Produce: aproximativ 30 de biscuiți mici

INGREDIENTE:
- 1 cană făină de orez sălbatic
- 3 căni de apă
- ½ lingurita sare kosher
- 2 linguri ulei (cum ar fi floarea soarelui)

INSTRUCȚIUNI:
a) Într-o cratiță, aduceți la fiert 3 căni de apă și ½ linguriță de sare kosher.
b) Se amestecă făina de orez sălbatic, amestecând continuu cu o spatulă până se formează o pastă groasă.
c) Adăugați uleiul (de exemplu, ulei de floarea soarelui) în amestec.
d) Lăsați amestecul să se răcească cu un capac deasupra.
e) Preîncălziți cuptorul la 300°F (150°C).
f) Folosind un covor de copt din silicon sau hârtie de copt, întindeți porțiuni de dimensiunea unei lingurițe din aluatul de biscuit. Aplatizați fiecare porție în discuri mici.
g) Puneți discurile de aluat turtite pe o tavă de copt.
h) Coaceți biscuiții în cuptorul preîncălzit pentru aproximativ 45 de minute sau până când devin crocante și fierte.
i) Lăsați biscuiții să se răcească complet.
j) Păstrați biscuiții răciți într-un recipient ermetic pentru a le păstra proaspete.
k) Acești biscuiți pot fi împrospătați prăjindu-i ușor într-un cuptor mic, dacă este necesar.

42.Biscuiți Falafel

Produce: aproximativ 5 duzini

INGREDIENTE:
Aluat:
- ¾ cană (170 g) zară
- 2 linguri (32 g) tahini
- 1 ¾ cană (210 g) făină universală nealbită
- ½ cană (43 g) făină de năut
- 1 lingură (14 g) zahăr granulat
- 1 linguriță de sare kosher sau ¾ de linguriță de sare obișnuită
- 1 lingura (7g) chimen
- ¼ linguriță ienibahar
- 8 linguri (113g) unt nesarat, rece, taiat cubulete de ¼"
- ¼ cană (39 g) făină de porumb galbenă (pentru stropire)

Topping:
- 1 lingurita sare kosher
- 2 linguri (18 g) seminte de susan

INSTRUCȚIUNI:
Pentru a face aluatul:
a) Într-un castron mic, combinați zara și tahina. Pus deoparte.
b) În vasul unui mixer cu suport prevăzut cu un accesoriu cu paletă, combinați făina universală, făina de năut, zahărul granulat, sarea, chimenul, ienibaharul și untul rece, tăiat cubulețe. Se amestecă până când untul este în bucăți foarte mici.
c) Adăugați amestecul de zară și tahini dintr-o dată și amestecați până se formează un aluat umed.

Pentru a asambla și a răci:
d) Tapetați o foaie de copt cu hârtie de copt. Împărțiți aluatul în sferturi și lucrați câte un sfert, păstrând restul la frigider.
e) Pe o suprafață de lucru cu făină, rulați o porțiune din aluat într-un dreptunghi de aproximativ 12" x 13" și 1/16" grosime. Presărați pergamentul pe tava de copt cu 1 lingură de făină de porumb.
f) Transferați aluatul rulat pe foaia de copt pregătită, puneți o altă foaie de pergament deasupra și presărați încă o lingură de mălai.
g) Repetați acest proces cu porțiunile de aluat rămase, așezându-le pe pergament presărat cu făină de porumb și stivuindu-le pe tava de copt.

Odată gata, înfășurați foaia de copt cu folie de plastic și dați la frigider pentru cel puțin 4 ore sau peste noapte.

A coace:

h) Preîncălziți cuptorul la 350°F.

i) Luați o foaie de pergament cu aluat pe ea și puneți-o pe o foaie de copt goală. Înțepați aluatul peste tot cu o furculiță. Ungeți-l ușor cu apă și stropiți cu ¼ de linguriță de sare kosher și 1 ½ linguriță de semințe de susan. Folosiți o riglă și un tăietor de pizza pentru a tăia aluatul în pătrate de aproximativ 3".

j) Coaceți biscuiții timp de 6 minute, apoi rotiți tava și coaceți încă 6 până la 7 minute, până când se rumenesc ușor.

k) Scoateți din cuptor și răciți pe un grătar înainte de a sparge în biscuiți individuali.

l) Repetați procesul de coacere cu foile de aluat rămase.

m) Păstrați biscuiții într-un loc răcoros și uscat într-un recipient ermetic timp de până la 2 săptămâni.

n) Acești biscuiți Falafel de casă, cu aromele încântătoare ale condimentelor falafel și ale tahinului, sunt un deliciu inspirat din Orientul Mijlociu care dispare rapid odată copți. Savurați-le ca o gustare sau cu dips-urile preferate!

43. Biscuiți japonezi de orez Senbei

INGREDIENTE:
- 2 linguri ulei vegetal
- 4 linguri de apa
- 40 g orez alb fiert
- ½ linguriță sare de mare
- 120 g faina de orez (sau mochiko)

PENTRU GLAZURI:
- 2 lingurite mirin
- 1 lingura sos de soia

TOppinguri:
- 2 lingurițe amestec de ardei iute roșu
- Foi de alge Nori
- 3 lingurițe de semințe de susan negru
- 5 lingurite condiment de orez furikake

INSTRUCȚIUNI:
a) Preîncălziți cuptorul la 190 de grade Celsius.
b) Faceți glazura amestecând împreună sosul de soia și mirinul.
c) Într-un castron, combinați orezul alb fiert, apa, făina de orez, sarea și uleiul vegetal pentru a forma aluatul. Se amestecă până când ingredientele sunt bine combinate.
d) Puneți amestecul de aluat pe o suprafață curată și puteți adăuga toppingurile dorite.
e) Întindeți aluatul într-un disc subțire. Puteți folosi un sucitor sau mâinile. Ar trebui să fie cât mai subțire posibil.
f) Scoateți plasticul de pe discul de aluat și puneți-l pe o tavă de copt tapetată cu hârtie de copt.
g) Coaceți biscuiții în cuptorul preîncălzit timp de 8-10 minute, câte o tavă de copt.
h) După coacerea inițială, folosiți o spatulă pentru a întoarce cu grijă biscuiții.
i) Continuați să coaceți încă 8-10 minute sau până când biscuiții încep să devină aurii.
j) Ungeți glazura (sosul de soia și amestecul de mirin) peste vârfurile biscuiților.
k) Puneți biscuiții la cuptor și coaceți încă 10 minute sau până se rumenesc bine.
l) Lăsați biscuiții să se răcească complet pe un grătar înainte de servire.

44. Biscuiți cu porumb și piper negru

Produce: 36 de biscuiți

INGREDIENTE:
- Unt pentru hartie de copt, plus 3 linguri de unt nesarat (topit)
- ½ cană făină de porumb măcinată medie
- ½ cană făină universală
- 1½ linguriță de zahăr
- 1½ linguriță de praf de copt
- ¾ lingurita piper negru macinat grosier
- ¼ linguriță sare kosher
- ¾ cană lapte
- 1 ou mare

INSTRUCȚIUNI:
a) Preîncălziți cuptorul la 425 de grade Fahrenheit.
b) Tapetați 3 foi de copt cu hârtie de copt, apoi ungeți cu unt hârtie de copt sau folosiți căptușeală antiaderență.
c) Cerne făina de porumb, făina, zahărul, praful de copt, piperul negru măcinat grosier și sarea kosher într-un castron mare.
d) Într-un castron separat, bate laptele cu oul mare. Adăugați acest amestec la ingredientele uscate dintr-o dată și amestecați până când aluatul nu are cocoloașe. Se amestecă untul topit.
e) Puneți aluatul cu o lingură pe foile de copt pregătite.
f) Coaceți biscuiții în cuptorul preîncălzit până când marginile devin maro auriu închis, ceea ce ar trebui să dureze aproximativ 10 până la 15 minute.

45.Biscuiți cu lămâie

Produce: Aproximativ 1 porție

INGREDIENTE:
- 2½ căni de zahăr
- 1 cană de scurtare
- 2 linguri Bakers Amoniac
- 1 lingurita ulei de lamaie
- 2 oua
- 2 linguri lapte (nou)
- 1 litru de lapte (nou)
- Făină

INSTRUCȚIUNI:
a) Începeți prin a înmuia peste noapte amoniacul brutarului într-o halbă de lapte.
b) Într-un castron separat, se bat ouăle separat și se adaugă 2 linguri de lapte la gălbenușuri.
c) Într-un castron mare, combinați zahărul, scurtarea, amoniacul de brutărie înmuiat, uleiul de lămâie și ouăle bătute cu lapte.
d) Adăugați treptat suficientă făină pentru a face aluatul tare.
e) Întindeți aluatul subțire și înțepați-l bine cu o furculiță.
f) Coaceți, dar în rețeta originală nu este prevăzută o anumită temperatură sau timp de coacere. Puteți încerca să le coaceți la 425 ° F (220 ° C) până când devin maro auriu. Urmăriți-le pentru a preveni coacerea excesivă.
g) Acești biscuiți cu lămâie, deși lipsesc instrucțiuni specifice de temperatură și timp, sunt un răsfăț unic, cu o aromă de lămâie.
h) Experimentați cu plăcere cu timpul și temperatura de coacere pentru a obține textura și culoarea dorite.

46. Biscuiți cu fructe uscate și nuci

Produce: 65 de biscuiti

INGREDIENTE:
- 1 cană de făină universală
- 2 linguri de zahar brun
- ¾ cană de prune tăiate cubulețe
- ½ cană de nuci pecan
- ½ cană de semințe de dovleac
- 2 lingurițe de semințe de chia
- 2 lingurițe de semințe de susan
- 1 lingurita de rozmarin proaspat tocat marunt
- ½ lingurita coaja de portocala
- 1 lingurita de bicarbonat de sodiu
- ½ linguriță de sare
- 1 cană de lapte
- sare grunjoasă (pentru topping)

INSTRUCȚIUNI:
a) Preîncălziți cuptorul la 350°F (180°C).
b) Într-un castron mare, combinați toate ingredientele, cu excepția laptelui. După ce totul este amestecat, adăugați laptele pentru a crea un aluat.
c) Ungeți mini-tăvii cu spray de gătit și umpleți-le cu aluat, umplând fiecare tavă până la aproximativ două treimi. (Pentru referință, utilizați tigăi de pâine care au dimensiunea de aproximativ 6 x 3½ x 2¼ inci.)
d) Coaceți timp de 25-40 de minute sau până când biscuiții devin fermi. Timpul exact de coacere poate varia în funcție de dimensiunea tavilor pentru pâine. A durat aproximativ 30 de minute până la coacere.
e) Lăsați pâinile coapte să se răcească timp de 10-15 minute, apoi transferați-le la congelator pentru 30-60 de minute. Alternativ, le puteți lăsa să se răcească la temperatura camerei, deși acest lucru poate dura câteva ore.
f) Odată ce pâinile s-au răcit complet, preîncălziți cuptorul la 325 ° F (160 ° C) și scoateți cu grijă pâinile coapte din tavă.
g) Folosind un cuțit zimțat ascuțit, feliați fiecare pâine în felii subțiri, de aproximativ ⅛ până la 1/16 inch grosime.
h) Puneți biscuiții feliați pe un grătar de sârmă așezat pe o tavă tapetată și presară sau măcinați sare grunjoasă deasupra.

i) Se coace 25-30 de minute. Dacă nu folosiți un grătar de sârmă, coaceți timp de 15 minute, apoi întoarceți biscuiții și coaceți încă 10-15 minute.

j) Lăsați biscuiții să se răcească; vor continua să se crocante pe măsură ce se răcesc.

47. Biscuiți cu fructe de afine și portocale

INGREDIENTE:
- 1 cană de făină universală (120 g)
- 2 linguri de zahar brun
- ½ cană de afine uscate (70 g)
- ¼ cană nuci pecan tocate (30 g)
- 1 lingurita coaja de portocala
- ½ lingurita de bicarbonat de sodiu
- ¼ lingurita sare
- ¼ cană suc de portocale (60 ml)
- 2 linguri de unt nesarat, topit

INSTRUCȚIUNI:
a) Preîncălziți cuptorul la 350°F (180°C).
b) Într-un castron, combinați făina, zahărul brun, merișoarele uscate, nucile pecan tocate, coaja de portocală, bicarbonatul de sodiu și sarea.
c) Adăugați sucul de portocale și untul topit la ingredientele uscate. Se amestecă până se formează un aluat.
d) Întindeți aluatul într-un dreptunghi subțire pe o suprafață cu făină.
e) Tăiați aluatul în bucăți mici de mărimea unui biscuit și puneți-le pe o tavă de copt.
f) Coaceți timp de 15-20 de minute sau până când biscuiții sunt aurii.
g) Lasati-le sa se raceasca inainte de a le servi.

48.Biscuiți cu fructe de smochine și nuci

INGREDIENTE:
- 1 cana faina integrala (120g)
- 2 linguri miere
- ½ cana smochine uscate, tocate marunt (70g)
- ¼ cana nuci tocate (30 g)
- ½ linguriță de praf de copt
- ¼ lingurita sare
- ¼ cană lapte (60 ml)
- 2 linguri ulei de masline

INSTRUCȚIUNI:
a) Preîncălziți cuptorul la 350°F (180°C).
b) Într-un castron, combinați făina integrală de grâu, mierea, smochinele uscate, nucile tocate, praful de copt și sarea.
c) Adăugați laptele și uleiul de măsline la ingredientele uscate. Se amestecă până se formează un aluat.
d) Întindeți aluatul într-un dreptunghi subțire pe o suprafață cu făină.
e) Tăiați aluatul în bucăți mici de mărimea unui biscuit și puneți-le pe o tavă de copt.
f) Coaceți timp de 15-20 de minute sau până când biscuiții sunt aurii.
g) Lasati-le sa se raceasca inainte de a le servi.

49. Biscuiți cu fructe de mango și nucă de cocos

INGREDIENTE:
- 1 cana faina de cocos (120g)
- 2 linguri miere
- ½ cană mango uscat, tocat fin (70g)
- ¼ cană nucă de cocos mărunțită (30 g)
- ½ linguriță de praf de copt
- ¼ lingurita sare
- ¼ cană lapte de cocos (60 ml)
- 2 linguri ulei de cocos, topit

INSTRUCȚIUNI:
a) Preîncălziți cuptorul la 350°F (180°C).
b) Într-un castron, combinați făina de cocos, mierea, mango uscat, nuca de cocos mărunțită, praful de copt și sarea.
c) Adăugați laptele de cocos și uleiul de cocos topit la ingredientele uscate. Se amestecă până se formează un aluat.
d) Întindeți aluatul într-un dreptunghi subțire pe o suprafață cu făină.
e) Tăiați aluatul în bucăți mici de mărimea unui biscuit și puneți-le pe o tavă de copt.
f) Coaceți timp de 15-20 de minute sau până când biscuiții sunt aurii.
g) Lasati-le sa se raceasca inainte de a le servi.

50.Biscuiți cu mere Cheddar

INGREDIENTE:
- ¼ cană mere liofilizate
- ¾ cană făină universală
- ¼ cana unt nesarat, la temperatura camerei
- 1 lingurita sare
- 8 uncii de brânză cheddar ascuțită, mărunțită
- 2-3 linguri de apă cu gheață

INSTRUCȚIUNI:
a) Începeți prin a pulsa merele liofilizate într-un robot de bucătărie, blender sau râșniță de cafea până devin foarte fine. Într-un castron mediu, combinați-le cu făina până se încorporează bine.

b) În vasul unui mixer cu suport prevăzut cu un accesoriu cu paletă, combinați brânza mărunțită, untul la temperatura camerei și sarea la viteză mică până când sunt bine combinate. Adăugați amestecul de făină și mere și amestecați la mic până când bucățile din amestec sunt aproximativ de mărimea mazărei.

c) Adăugați încet 2 linguri de apă cu gheață la amestec și continuați să amestecați până când aluatul formează o bilă. Dacă este necesar, adăugați o lingură suplimentară de apă în trepte mici până când aluatul se îmbină.

d) Modelați aluatul într-un disc, înfășurați-l cu folie de plastic și lăsați-l la frigider timp de 1 oră.

e) Preîncălziți cuptorul la 375 grade F (190 grade C). Tapetați două foi de copt cu hârtie de copt.

f) Împărțiți aluatul răcit în două bucăți egale și rulați fiecare bucată într-un dreptunghi foarte subțire de 10x12 inci.

g) Folosind un tăietor de pizza, tăiați dreptunghiurile în pătrate de 1 inch și transferați-le cu grijă pe foile de copt pregătite.

h) Coaceți în cuptorul preîncălzit timp de 15 până la 17 minute sau până când biscuiții sunt umflați și încep să se rumenească pe margini.

napolitane

51. Biscuiți cu napolitană de zahăr Valentine

INGREDIENTE:
BURSEURI ROZ DE NAPOLINĂ:
- 1 cană unt nesărat, înmuiat
- 1 cană zahăr granulat
- 1 ou mare
- 2 lingurite extract de vanilie
- Colorant alimentar roz (gel sau lichid)
- 2 ½ căni de făină universală
- ½ linguriță de praf de copt
- Putina sare
- Presărați sau zahăr colorat pentru decor (opțional)

TOppinguri:
- Candy se topește în culorile dorite (alb, roz și roșu)
- Stropi la alegere

INSTRUCȚIUNI:
BURSEURI ROZ DE NAPOLINĂ:
a) Într-un castron, cremă împreună untul nesărat înmuiat și zahărul granulat până devine ușor și pufos.

b) Adăugați oul și extractul de vanilie la amestecul de unt-zahăr. Se amestecă până se combină bine.

c) Adăugați colorant alimentar roz pentru a obține nuanța dorită de roz. Începeți cu câteva picături și ajustați după cum este necesar până ajungeți la culoarea dorită. Se amestecă bine pentru a distribui uniform culoarea.

d) Într-un castron separat, amestecați făina universală, praful de copt și un praf de sare.

e) Adăugați treptat ingredientele uscate la ingredientele umede, amestecând până se formează un aluat moale pentru prăjituri. Daca aluatul este prea lipicios, mai puteti adauga putina faina.

f) Împărțiți aluatul de biscuiți roz în două părți egale. Modelați fiecare porție într-un buștean, înfășurați-le în folie de plastic și lăsați-le la frigider pentru cel puțin 1 oră sau până când aluatul este ferm.

g) Preîncălziți cuptorul la 350 ° F (175 ° C) și tapetați o tavă de copt cu hârtie de copt.

h) Scoateți unul dintre buștenii de aluat din frigider și tăiați-l în rondele subțiri, de aproximativ ¼ inch grosime. Dacă preferați, puteți folosi forme pentru biscuiți pentru a crea diferite forme.

i) Puneți biscuiții rotunji sau forme pe foaia de copt pregătită, lăsând puțin spațiu între fiecare.

j) Dacă doriți, stropiți fursecurile cu zahăr colorat sau stropiți pentru un decor suplimentar.
k) Coacem in cuptorul preincalzit 8-10 minute sau pana cand marginile fursecurilor devin usor aurii. Urmăriți-le pentru a preveni coacerea excesivă.
l) Scoateți fursecurile din cuptor și lăsați-le să se răcească pe un grătar. Vor continua să se întărească pe măsură ce se răcesc.
m) Repetați procesul de feliere și coacere cu bușteanul de aluat rămas.
n) Odată ce fursecurile s-au răcit complet, vă puteți bucura de prăjiturile voastre de napolitană roz de zahăr de casă!

TOppinguri:
o) Într-un castron sigur pentru cuptorul cu microunde, topește Candy Melts conform instrucțiunilor de pe pungă.
p) Înmoaie un capăt al prăjiturii cu napolitană cu zahăr în ciocolata topită, asigurându-te că îl acoperiți cu generozitate.
q) Presărați imediat stropile alese pe capătul acoperit cu ciocolată al prăjiturii. Puteți să le presărați deasupra și pe ambele părți, dar nu și pe partea de jos pentru a vă asigura că stau întinse.
r) Puneți fursecurile scufundate și presărate pe hârtie de copt sau folie de aluminiu pentru a le lăsa să se răcească și să se întărească.
s) Lăsați prăjiturile să se răcească complet înainte de a vă răsfăța cu aceste delicioase prăjituri de zahăr Valentine Valentine!

52.Napolitane cu zahăr brun

Produce: 6 napolitane

INGREDIENTE:
- 250 g de făină
- 150 g zahăr brun
- 100 g de unt
- 2 g praf de copt
- 1 ou

INSTRUCȚIUNI:
a) Într-un castron, combinați făina, zahărul brun, untul, praful de copt și oul. Se amestecă până când toate ingredientele se unesc pentru a forma un aluat.
b) Odată ce aluatul este format, acoperiți vasul cu folie de plastic sau cu un prosop de bucătărie și lăsați-l să se odihnească la loc răcoros timp de 2 ore. Acest timp de odihnă permite aromelor să se topească și aluatul să se întărească.
c) După perioada de odihnă de 2 ore, preîncălziți o tigaie antiaderentă sau grătar la foc mediu.
d) Împărțiți aluatul în 4 părți egale, modelând fiecare porție într-o bilă mică, aproximativ de mărimea unei prune.
e) Aplatizați fiecare minge de aluat cu palma pentru a crea napolitane subțiri.
f) Puneți napolitanele turtite pe tigaia sau grătarul preîncălzit. Gatiti aproximativ 3 minute pe fiecare parte sau pana devin maro auriu si crocant. Asigurați-vă că le urmăriți, deoarece timpii de gătire pot varia în funcție de sursa de căldură.
g) Odată ce napolitanele sunt gătite la nivelul dorit de crocante, scoateți-le din tigaie și lăsați-le să se răcească pe un grătar.
h) Bucurați-vă de napolitanele de zahăr brun de casă ca un răsfăț sau o gustare delicioasă. Sunt perfecte cu o ceașcă de ceai sau cafea.

53.Batoane mexicane de napolitane cu zahăr

INGREDIENTE:
napolitane:
- 1 cană de făină universală
- ½ cană zahăr granulat
- ¼ cană unt nesărat, înmuiat
- ¼ cană lapte
- ½ linguriță extract de vanilie
- ¼ de linguriță de scorțișoară măcinată (pentru acel fler mexican)
- Putina sare

PENTRU CRASTĂ:
- 5 linguri de unt, topit
- ¼ cană zahăr

PENTRU Umplutura:
- 2 pachete (8 uncii) de cremă de brânză, la temperatura camerei
- ¼ cană suc de lămâie
- 1 lingurita extract de vanilie
- 1 conserve (14 uncii) de lapte condensat îndulcit

INSTRUCȚIUNI:
napolitane:
a) Într-un castron, combinați untul nesărat înmuiat și zahărul granulat. Cremați-le împreună până obțineți o textură netedă și pufoasă.
b) Adăugați laptele și extractul de vanilie la amestecul de unt-zahăr. Continuați să amestecați până când totul este bine combinat.
c) Într-un castron separat, cerne împreună făina universală, scorțișoara măcinată și un praf de sare.
d) Adăugați treptat ingredientele uscate la ingredientele umede. Amestecați până obțineți un aluat omogen. Daca aluatul este prea lipicios, mai puteti adauga putina faina.
e) Modelați aluatul într-o bilă, înfășurați-l în folie de plastic și lăsați-l la frigider pentru aproximativ 30 de minute până la o oră. Acest lucru va face mai ușor de lucrat cu.
f) Preîncălziți cuptorul la 350 ° F (175 ° C) și tapetați o tavă de copt cu hârtie de copt.
g) Întindeți aluatul răcit pe o suprafață ușor înfăinată până la grosimea dorită. Fursecurile cu napolitană mexicană sunt de obicei subțiri, așa că ținește o grosime de aproximativ ⅛ inch.
h) Utilizați un tăietor de prăjituri în formă de inimă sau orice formă dorită pentru a tăia fursecurile.
i) Puneți fursecurile decupate pe foaia de copt pregătită, lăsând puțin spațiu între fiecare.
j) Coacem in cuptorul preincalzit pentru aproximativ 10-12 minute, sau pana cand marginile devin usor aurii. Urmăriți-le îndeaproape pentru a evita coacerea excesivă.
k) Scoateți fursecurile din cuptor și lăsați-le să se răcească pe un grătar. Vor continua să se crocante pe măsură ce se răcesc.

PENTRU CRASTĂ:
l) Intr-un robot de bucatarie sau punand prajiturile mexicane cu napolitane intr-o punga de plastic cu fermoar si folosind un sucitor, zdrobeste napolitanele pana obtineti 2 cani de napolitane zdrobite.
m) Într-un castron, combinați napolitanele zdrobite, untul topit și zahărul. Se amestecă până se combină bine.
n) Apăsați ferm amestecul în fundul unei tigăi pătrate de 8 inci, ridicându-l ușor pe părțile laterale.
o) Răciți crusta la frigider până când sunteți gata să o umpleți.

PENTRU Umplutura:

p) Cu ajutorul unui mixer electric, bate crema de branza pana devine neteda.

q) Cu mixerul în funcțiune la nivel scăzut, adăugați treptat laptele condensat îndulcit, răzuind părțile laterale ale vasului după cum este necesar.

r) Bateți sucul de lămâie și extractul de vanilie până când umplutura este bine combinată și netedă.

s) Scoateți crusta răcită din frigider și turnați peste ea umplutura pregătită.

t) Se sfărâmă mai multe fursecuri mexicane cu napolitană peste umplutură pentru un plus de textură și aromă.

u) Acoperiți tava cu folie de plastic și puneți-o la frigider pentru a se răci până se întărește. Acest lucru durează de obicei aproximativ 3 ore.

v) Odată ce batoanele s-au întărit, tăiați-le în pătrate și serviți.

54. Napolitane cu zahăr înmuiate în ciocolată albă

Produce: 40-60 de napolitane

INGREDIENTE:
PENTRU NAPOLI:
- 1 cană de făină universală
- ½ cană zahăr granulat
- ¼ cană unt nesărat, înmuiat
- ¼ cană lapte
- ½ linguriță extract de vanilie
- Putina sare
- Colorant alimentar (optional)

PENTRU CUMERIE:
- Pachet de 1 kilogram de bomboane albe se topește
- 1 lingura de scurtator
- Stropi asortate de roșu, verde și alb

INSTRUCȚIUNI:
PENTRU NAPOLI:

a) Într-un castron, combinați untul nesărat înmuiat și zahărul granulat. Cremă-le împreună până devin ușoare și pufoase.

b) Adăugați laptele și extractul de vanilie la amestecul de unt-zahăr. Se amestecă până se combină bine.

c) Dacă doriți să vă colorați prăjiturile cu napolitană de zahăr, adăugați câteva picături de colorant alimentar pentru a obține nuanța dorită. Se amestecă bine pentru a distribui uniform culoarea.

d) Într-un castron separat, amestecați făina universală și un praf de sare.

e) Adăugați treptat ingredientele uscate la ingredientele umede, amestecând până se formează un aluat moale pentru prăjituri. Daca aluatul este prea lipicios, mai puteti adauga putina faina.

f) Împărțiți aluatul de fursecuri în două părți egale. Modelați fiecare porție într-un buștean, înfășurați-le în folie de plastic și lăsați-le la frigider pentru cel puțin 1 oră sau până când aluatul este ferm.

g) Preîncălziți cuptorul la 350 ° F (175 ° C) și tapetați o tavă de copt cu hârtie de copt.

h) Scoateți unul dintre buștenii de aluat din frigider și tăiați-l în rondele subțiri, de aproximativ ⅛ inch grosime.

i) Așezați rondelele de biscuiți pe foaia de copt pregătită, lăsând puțin spațiu între fiecare.

j) Folosiți o furculiță pentru a crea un model încrucișat pe fiecare prăjitură, apăsând ușor pe ele.

k) Coacem in cuptorul preincalzit pentru aproximativ 8-10 minute sau pana cand marginile fursecurilor devin usor aurii. Urmăriți-le îndeaproape pentru a evita coacerea excesivă.

l) Scoateți fursecurile din cuptor și lăsați-le să se răcească pe un grătar. Vor continua să se întărească pe măsură ce se răcesc.

m) Repetați procesul de feliere și coacere cu bușteanul de aluat rămas.

PENTRU CUMERIE:

n) Într-un castron sigur pentru cuptorul cu microunde, topiți bomboane topite sau stratul de coajă și scurtarea împreună, urmând instrucțiunile de pe ambalaj. Aceasta implică de obicei punerea la microunde la intervale de 30 de secunde, amestecând între ele, până când amestecul este omogen și complet topit.

o) Înmuiați ¾ din fiecare prăjitură cu napolitană de zahăr în stratul de bomboane topite, permițând excesului de acoperire să picure înapoi în recipient.

p) Presărați imediat napolitana înmuiată cu stropii la alegere. Puteți folosi stropi roșii, verzi și albi pentru o notă festivă.

q) Puneți fursecurile cu napolitană cu zahăr înmuiate și decorate pe hârtie ceară sau pe hârtie de pergament, lăsându-le să stea până când stratul se instalează.

r) Repetați procesul de scufundare și decorare cu napolitanele de zahăr rămase până când ați acoperit câte doriți.

s) Odată ce stratul s-a întărit complet, păstrați napolitanele de zahăr înmuiate în ciocolată albă de Crăciun într-un recipient etanș timp de până la două săptămâni.

55. Napolitană umplută cu portocale

INGREDIENTE:
PENTRU COOKIES-urile cu napolitana:
- 1 cană (2 batoane) unt nesărat, înmuiat
- ½ cană zahăr granulat
- 2 căni de făină universală
- 1 lingura coaja de portocala proaspat rasa
- ¼ lingurita sare

PENTRU Umplutura de portocale:
- ½ cană unt nesărat, înmuiat
- 1 ½ cană de zahăr pudră
- 2 linguri suc de portocale proaspat stors
- 1 lingurita coaja de portocala proaspat rasa
- Colorant alimentar portocaliu (opțional, pentru o culoare vibrantă)

INSTRUCȚIUNI:
PREPARAREA COOKIES-urilor cu napolitana:
a) Într-un castron mare, cremă untul înmuiat și zahărul granulat până devine ușor și pufos.

b) Adaugati coaja de portocala proaspat rasa si amestecati pana se incorporeaza bine.

c) Adăugați treptat făina universală și sarea la amestec, amestecând până se formează un aluat moale. Aluatul trebuie să se îmbine ușor.

d) Împărțiți aluatul în două părți egale. Modelați fiecare porție într-un disc plat, înfășurați-le în folie de plastic și lăsați-le la frigider pentru cel puțin 30 de minute pentru a se întări.

e) Preîncălziți cuptorul la 350 ° F (175 ° C) în timp ce aluatul se răcește.

f) Pe o suprafață cu făină, întindeți o porțiune de aluat până la o grosime de aproximativ ⅛ inch. Utilizați tăietorul de prăjituri preferat pentru a tăia formele dorite. Așezați fursecurile pe o foaie de copt tapetată cu pergament, lăsând un spațiu mic între fiecare.

g) Coaceți fursecurile timp de 10-12 minute sau până când devin maro deschis. Scoateți-le din cuptor și lăsați-le să se răcească pe un grătar.

h) Repetați procesul de rulare și tăiere cu porțiunea rămasă de aluat.

PREPARAREA Umpluturii de portocale:
i) Într-un castron, combinați untul înmuiat, zahărul pudră, sucul de portocale proaspăt stors și coaja de portocale proaspăt rasă.

j) Dacă doriți, adăugați câteva picături de colorant alimentar portocaliu pentru a obține nuanța dorită.

k) Bateți ingredientele până când obțineți o umplutură netedă și cremoasă. Ajustați consistența adăugând mai mult zahăr pudră sau suc de portocale, dacă este necesar.

MONTAREA VAFELOR Umplute cu portocale:

l) Odată ce fursecurile de napolitană s-au răcit complet, întindeți o cantitate generoasă de umplutură de portocale pe partea plată a unui fursec.

m) Apăsați ușor un alt fursec deasupra pentru a crea un sandviș, cu umplutura în mijloc.

n) Repetați acest proces cu cookie-urile rămase și umplutura.

o) Lăsați napolitanele umplute să se întărească aproximativ 30 de minute pentru a se întări.

p) Servește și bucură-te de delicioasele tale napolitane umplute cu portocale!

56. Napolitane crem colorate

Produce: 5 duzini

INGREDIENTE:
PENTRU NAPOLI:
- 2 căni de făină universală
- 1 cană unt sau margarină, înmuiată
- ¼ cană unt sau margarină, înmuiată
- ¾ cană zahăr pudră
- ⅓ cană smântână pentru frișcă
- Zahăr granulat (pentru acoperire)
- Câteva picături de colorant alimentar (opțional)
- 1 lingurita de vanilie

PENTRU Umplutura cremoasa:
- ½ cană de unt
- 1½ cani de zahar pudra
- 1 lingurita de vanilie
- Câteva picături de colorant alimentar (opțional)
- Câteva picături de apă (dacă este necesar)

INSTRUCȚIUNI:
PENTRU NAPOLI:
a) Într-un castron, combinați făina universală, 1 cană de unt moale sau margarină, zahărul pudră, smântâna grea pentru frișcă și vanilia. Se amestecă bine până când aluatul se îmbină.
b) Acoperiți aluatul și dați-l la frigider pentru cel puțin o oră.
c) Preîncălziți cuptorul la 375°F (190°C).
d) Întindeți aproximativ ⅓ din aluatul răcit odată pe o placă acoperită cu pânză cu făină până la o grosime de ⅛ inch. Păstrați aluatul rămas la frigider până când sunteți gata să-l rulați. Tăiați aluatul întins în cercuri de 1½ inch.
e) Transferați cercurile pe hârtie cerată acoperită cu zahăr granulat. Întoarceți fiecare cerc, astfel încât ambele părți să fie acoperite cu zahăr. Puneți cercurile acoperite cu zahăr pe o foaie de biscuiți neunsă.
f) Înțepați fiecare cerc cu o furculiță de patru ori. Coaceți în cuptorul preîncălzit timp de 7-9 minute sau până când napolitanele sunt doar întărite, dar nu se rumenesc. Lasă-le să se răcească.

PENTRU Umplutura cremoasa:

g) Într-un castron separat, bate ½ cană de unt până devine omogen și pufos.

h) Adăugați treptat zahărul pudră și vanilia în unt, continuând să bateți până când umplutura devine netedă și pufoasă.

i) Dacă doriți, colorați umplutura cu colorant alimentar. Dacă amestecul este prea tare pentru a se întinde, amestecați câteva picături de apă pentru a obține consistența dorită.

ASSAMLAȚI SANDWICHE-urile:

j) Chiar înainte de servire, faceți sandvișuri cu ½ linguriță de umplutură cremoasă, așezând-o între două napolitane.

k) Bucurați-vă de delicioasele voastre napolitane cu smântână de casă!

57. Napolitane cu cremă de eggnog

INGREDIENTE:
PENTRU COOKIES:
- 1 cană unt înmuiat
- 6 linguri smântână groasă
- 2 căni de făină universală

PENTRU Umplutura:
- ½ cană de unt moale
- 1 ½ cană de zahăr pudră
- 1 lingură (și mai mult dacă este nevoie) de oua
- Colorant alimentar roșu sau verde (opțional)

INSTRUCȚIUNI:
FACEREA COOKIES-urilor:
a) Într-un castron mare de mixer, cremă împreună untul înmuiat, smântâna groasă și făina universală.

b) Împărțiți aluatul în două părți egale, modelați fiecare într-un disc plat, înfășurați-le în folie de plastic și lăsați-le la frigider pentru cel puțin o oră.

c) Când este gata, scoateți o porție din aluat din frigider. Pe un blat cu făină, folosiți un sucitor cu făină pentru a rula aluatul la aproximativ ⅛ inch grosime.

d) Folosiți o tăietură rotundă pentru prăjituri, de aproximativ 1 ½ inch în diametru, pentru a tăia cercuri. Așezați aceste cercuri pe foi de prăjituri tapetate cu pergament. Nu irosiți niciun aluat; adunați resturile și rulați-le din nou pentru a folosi tot aluatul.

e) Repetați același proces cu a doua porție de aluat.

f) Preîncălziți cuptorul la 350ºF (175ºC). Pe măsură ce umpleți fiecare foaie de biscuiți, puneți-o la frigider pentru cel puțin 10 minute înainte de coacere.

g) Coaceți fursecurile timp de 10-12 minute sau până când devin maro deschis. Lăsați fursecurile să se răcească complet înainte de a îngheța.

h) Într-un alt bol de mixer, bateți untul înmuiat și zahărul pudră până când amestecul este omogen.

i) Adaugati treptat lino de oua, cate putin, pana obtineti consistenta dorita pentru umplutura dumneavoastra. Dacă doriți să colorați glazura, puteți face acest lucru în acest moment.

Asamblarea cookie-urilor:
j) Întindeți glazura pe partea plată (partea „greasită") a jumătate din prăjituri.

k) Acoperiți fiecare prăjitură înghețată cu un alt prăjitură neînghețată pentru a crea un sandviș.
l) Păstrați fursecurile asamblate în congelator pentru un răsfăț încântător.

58.Napolitane cu cremă de Valentine

Produce: 44 de fursecuri de tip sandwich

INGREDIENTE:
PENTRU NAPOLI:
- 2 căni de făină universală
- 1 cană unt, înmuiat
- ⅓ cană smântână pentru frișcă (grea).
- Zahar granulat

PENTRU Umplutura cremoasa:
- 1 ½ cană de zahăr pudră
- ½ cană de unt, înmuiat
- 1 lingurita de vanilie
- Colorant alimentar lichid roșu

INSTRUCȚIUNI:
PENTRU NAPOLI:

a) Într-un castron mediu, amestecați făina universală, 1 cană de unt înmuiat și smântana pentru frișcă cu o lingură.

b) Acoperiți vasul și dați la frigider pentru aproximativ 1 oră sau până când aluatul este ferm.

c) Preîncălziți cuptorul la 375°F (190°C). Rulați o treime din aluat o dată la o grosime de aproximativ ⅛ inci pe o suprafață ușor înfăinată. Păstrați aluatul rămas la frigider până când sunteți gata să-l rulați.

d) Tăiați prăjiturile în formă de inimă folosind un tăietor în formă de inimă de 2 ¼ inch. Acoperiți generos o bucată mare de hârtie cerată cu zahăr granulat.

e) Transferați decupajele în formă de inimă pe hârtie cerată folosind un turnător de clătite. Întoarceți fiecare decupaj pentru a acoperi ambele părți cu zahăr. Puneți decupajele acoperite pe o foaie de biscuiți neunsă. Înțepați fiecare decupaj cu o furculiță de aproximativ patru ori.

f) Coaceți în cuptorul preîncălzit timp de 7 până la 9 minute sau până când se fixează, dar nu se rumenesc. Lăsați fursecurile să se răcească timp de 1 minut pe foile de prăjituri, apoi scoateți-le. Lăsați-le să se răcească complet aproximativ 15 minute.

PENTRU Umplutura cremoasa:

g) În timp ce prăjiturile se răcesc, bate zahărul pudră și ½ cană de unt înmuiat până se omogenizează. Adăugați vanilia și bateți până când amestecul devine pufos.

h) Împărțiți glazura în șase boluri mici. În fiecare bol, adăugați cantități diferite de colorant alimentar lichid roșu pentru a crea diferite nuanțe de roz.

i) Puteți începe cu o scobitoare, apoi adăugați treptat 1 picătură, 3 picături, 7 picături, 12 picături și, în final, 25 de picături de colorant alimentar în fiecare bol, creând o gamă de nuanțe roz.

ASAMBLARE:

j) Pentru fiecare prăjitură tip sandwich, întindeți aproximativ 1 linguriță de glazură pe fundul unui prăjitură răcită.

k) Acoperiți-l cu un alt fursec, cu partea de jos în jos și apăsați ușor fursecurile împreună.

59.Biscuiți cu napolitană cu cremă de cocos

Produce: 48 de fursecuri

INGREDIENTE:
PENTRU COOKIE:
- 1 cană (8 uncii) unt sărat, înmuiat
- ⅓ cană smântână grea pentru frișcă
- 2 căni de făină universală, plus suplimentar pentru întinderea aluatului
- Zahar granulat

PENTRU GLAURA:
- 1 cană (8 uncii) unt sărat, înmuiat
- 1 ½ cană de zahăr pudră
- 1 lingurita extract de vanilie sau extract de nuca de cocos
- 2 căni de nucă de cocos îndulcită mărunțită
- Colorant alimentar (opțional)

INSTRUCȚIUNI:
a) Într-un castron mediu, combinați 2 căni de făină universală, 1 ceașcă de unt înmuiat și smântâna grea pentru frișcă folosind o lingură sau un mixer electric. Se amestecă până când se combină.
b) Puneți aluatul pe o bucată mare de folie de plastic, aplatizați-l și înfășurați-l cu folie de plastic suplimentară pentru a-l acoperi complet. Dă la frigider aproximativ 1 oră sau până când aluatul devine rece și ferm.
c) Preîncălziți cuptorul la 375 de grade Fahrenheit. Întindeți jumătate din aluat (păstrați cealaltă jumătate la frigider) pe o suprafață ușor făinată până când are o grosime de aproximativ ⅛ până la ¼ inch. Tăiați prăjiturile folosind un tăietor rotund de 1 ½ inch. Așezați fursecurile pe foi de copt tapetate cu hârtie de copt sau covorașe de silicon.
d) Presărați ușor o cantitate mică de zahăr granulat deasupra fiecărei prăjituri, apoi înțepați fiecare prăjitură de aproximativ 4 ori cu o furculiță.
e) Coaceți fursecurile pentru aproximativ 7-9 minute, sau până când sunt întărite și ușor umflate, dar nu s-au rumenit încă. Lăsați fursecurile să se răcească complet pe gratele de sârmă. Repetați procesul cu aluatul rămas.
f) În timp ce prăjiturile se răcesc, pregătiți glazura. Amestecați restul de 1 cană de unt înmuiat, zahăr pudră și extract de vanilie sau nucă de cocos la alegere, până se combină bine. Apoi, amestecați nuca de cocos îndulcită mărunțită. Opțional, adăugați colorant alimentar la glazură pentru a obține culoarea dorită.

g) Înghețați ușor partea inferioară a jumătății de fursecuri, apoi acoperiți fiecare fursec înghețat cu un alt fursec, astfel încât înțepăturile furculiței și zahărul să fie pe exteriorul sandvișurilor.

h) Bucurați-vă de prăjiturile voastre de casă cu cremă de cocos, umplute cu delicioasă cremă de unt de cocos!

60. Tort de napolitană poloneză

INGREDIENTE:
napolitane
- 1 cană de făină universală
- ½ cană zahăr granulat
- 2 ouă mari
- ¼ cană unt nesărat, topit
- ¼ cană lapte integral
- ½ linguriță extract de vanilie
- Putina sare

UMPLERE
- 1 borcan de gem de prune (powidło)
- 1 cutie de lapte condensat

INSTRUCȚIUNI:
napolitane
a) Într-un castron, amestecați făina și zahărul.
b) Într-un castron separat, bateți ouăle, apoi adăugați untul topit, laptele, extractul de vanilie și un praf de sare. Amesteca bine.
c) Turnați încet amestecul umed în ingredientele uscate, amestecând până când obțineți un aluat fin, fără cocoloașe.
d) Preîncălziți un aparat de napolitană sau un fier de călcat pizzelle conform instrucțiunilor producătorului.
e) Ungeți ușor fierul de călcat cu o cantitate mică de ulei sau spray de gătit.
f) Pune o cantitate mică de aluat (cantitatea va depinde de mărimea fierului de călcat) în centrul fierului fierbinte.
g) Închideți fierul de călcat și gătiți napolitana conform instrucțiunilor aparatului până devine maro auriu și crocantă. De obicei durează aproximativ 1-2 minute per napolitană.
h) Scoateți cu grijă napolitana din fierul de călcat folosind o spatulă sau o furculiță.
i) În timp ce este încă fierbinte și flexibil, îl puteți modela în diferite forme, cum ar fi rulouri, conuri sau foi plate, în funcție de preferințele dvs.
j) Puneți napolitana în formă pe un grătar pentru a se răci și a se întări.
k) Continuați să gătiți și să modelați napolitanele cu aluatul rămas.

PENTRU LAPTELE CONDENSAT
a) Într-o oală, scufundă o cutie de lapte condensat închisă în apă rece.
b) Aduceți apa la fiert, apoi reduceți focul la fiert.

c) Lăsați-l să se gătească încet timp de 3-4 ore.
d) Odată ce recipientul s-a răcit, îl puteți deschide.

MONTAREA TORTULUI

e) Întindeți un strat de lapte condensat fiert pe primul strat de napolitană.
f) Puneți al doilea strat de napolitană deasupra.
g) Întindeți kajmak pe acest strat.
h) Acoperiți cu al treilea strat de napolitană.
i) Întindeți unt de prune (powidło) pe acest strat.
j) Adăugați al patrulea strat de napolitană.
k) Întindeți kajmak deasupra.
l) Așezați stratul final de napolitană deasupra.
m) Pune ceva greu pe prajitura de napolitana pentru a o comprima.
n) Tortul este gata de mâncat după câteva ore.
o) Bucurați-vă de prăjitura cu napolitană (Andrut)!

61. Napolitane cu crema fragila de nuca

Produce: 1 tort

INGREDIENTE:
Foi de napolitană de casă
- 1 cană de făină universală
- ½ cană zahăr granulat
- 2 ouă mari
- ¼ cană unt nesărat, topit
- ½ cană lapte
- ½ linguriță extract de vanilie

NUC CASANT
- 1 ½ cană de zahăr granulat
- 2 ½ cani de nuci tocate

CREMA FRANTA DE NUCI
- 5 oua
- ⅔ cani de unt
- 1 lingurita sare
- Ulei vegetal (pentru ungere)

INSTRUCȚIUNI:
Foi de napolitană

a) Preîncălziți cuptorul la 350°F (175°C). Ungeți o foaie de copt care se potrivește cu dimensiunile dorite de 35x17 cm (13,5x6,5 inchi).

b) Într-un castron, combinați făina universală și zahărul granulat. Amesteca bine.

c) Într-un castron separat, bateți ouăle până când sunt bine combinate.

d) Adăugați untul nesărat topit, laptele și extractul de vanilie la ouăle bătute. Amestecați bine.

e) Adăugați treptat amestecul umed la amestecul uscat, amestecând continuu până când obțineți un aluat omogen. Asigurați-vă că nu există bulgări.

f) Turnați aluatul pe foaia de copt unsă. Folosiți o spatulă pentru a o întinde uniform, urmărind dimensiunile de 35x17 cm (13,5x6,5 inchi).

g) Puneti foaia de copt in cuptorul preincalzit si coaceti aproximativ 10-15 minute, sau pana cand marginile foii de napolitana devin maro auriu.

h) Odată copt, scoateți foaia de napolitană din cuptor și lăsați-o să se răcească pe tava de copt. Va deveni crocant pe măsură ce se răcește.

i) Odată ce s-a răcit complet, scoateți cu grijă foaia de napolitană de pe tava de copt.

PREGĂTIREA FRANTULUI DE NUC:
a) Unge usor o tava de copt sau o tava cu ulei vegetal.
b) Într-o tigaie cu fundul greu, la foc mediu, pune zahărul granulat.
c) Topiți zahărul, amestecând dacă doriți, pana devine maro auriu. Dacă preferați să nu amestecați în timp ce faceți caramel, este în regulă și asta.
d) Reduceți focul la mic și gătiți caramelul până când ajunge la o culoare maro auriu bogat.
e) Luați caramelul de pe foc și adăugați imediat nucile mărunțite. Turnați acest amestec într-un strat subțire pe foaia de copt pregătită. Pune-l deoparte să se răcească.
f) Odată ce fragilul s-a răcit, rupeți-l în bucăți și tocați-l mărunt într-un robot de bucătărie.

PREGĂTIREA CREMA CASANTĂ DE NUCI:
g) Puneți măcinatul fragil într-un vas termorezistent și puneți-l peste o oală cu apă clocotită. Adăugați sare în amestec.
h) Adăugați ouăle, pe rând, în amestecul de nucă-caramel, amestecând bine pentru a se combina. Gatiti pana cand toate ouale sunt complet incorporate, iar amestecul devine gros, neted si stralucitor.
i) Pune deoparte crema de nuci casanta si lasa-o sa se raceasca la temperatura camerei.

MONTAREA TORTULUI:
j) Odată ce umplutura de caramel a ajuns la temperatura camerei, adăugați unt tăiat cubulețe la crema fragilă de nucă. Bateți cu un mixer de mână până se omogenizează bine.
k) Așezați o foaie de napolitană pe o tavă și întindeți uniform deasupra un strat de umplutură de cremă fragilă de nucă. Apoi, acoperiți-l cu o altă foaie de napolitană. Repetați acest proces până când toate cele cinci foi sunt stratificate una peste alta.
l) Puneți un obiect greu deasupra pentru a ajuta straturile să se lipească mai ușor.
m) Răciți tortul timp de 4-5 ore înainte de servire.

62. Napolitane balcanice stratificate

Produce: 15

INGREDIENTE:
NAPOLI DE CALC
- 1 cană de făină universală
- 1 cană zahăr granulat
- ½ cană lapte
- 3 ouă mari
- ¼ cană unt nesărat, topit
- ½ linguriță extract de vanilie
- Vârf de cuțit de sare

PENTRU Umplutura:
- 10,5 uncii de lapte
- 10,5 uncii de zahăr alb
- ½ linguriță de extract de vanilie sau 10 g de zahăr vanilat
- 10,5 uncii de biscuiți măcinați sau biscuiți Graham măcinați
- 10,5 uncii de nuci, măcinate
- 9 uncii de unt, la temperatura camerei
- 7 uncii de ciocolată de copt neîndulcită

INSTRUCȚIUNI:
NAPOLI DE CALC

a) Preîncălziți cuptorul la 350°F (175°C). Se unge si se tapeteaza o tava de copt cu hartie de copt.

b) Într-un castron mare, combinați făina și zahărul. Amesteca bine.

c) Într-un castron separat, amestecați laptele, ouăle, untul topit, extractul de vanilie și un praf de sare.

d) Turnați amestecul umed în amestecul uscat și amestecați până obțineți un aluat omogen.

e) Se toarnă un strat subțire de aluat pe foaia de copt pregătită, întinde-l uniform pentru a crea un strat subțire. Poate fi necesar să înclinați foaia pentru a asigura o acoperire uniformă.

f) Coaceți în cuptorul preîncălzit pentru aproximativ 5-7 minute sau până când marginile încep să devină maro auriu și napolitana este întărită. Urmăriți-l cu atenție, deoarece se poate coace rapid.

g) Scoateți napolitana coaptă din cuptor și lăsați-o să se răcească un minut sau două. Ar trebui să fie flexibil când este scos din cuptor.

h) Ridicați cu grijă napolitana de pe foaia de copt și puneți-o pe un prosop curat de bucătărie.
i) Tăiați imediat napolitana la dimensiunea și forma dorite folosind un cuțit ascuțit sau o foarfecă. Dacă doriți napolitane pentru prăjitura de napolitană fără coacere din Balkan, țintați foi de aproximativ 16x13 inci.
j) Repetați procesul cu aluatul rămas, coaceți câte un strat.
k) Lăsați napolitanele tort de casă să se răcească complet înainte de a le folosi.

UMPLERE:
a) Într-o oală mare, combinați laptele, zahărul și zahărul vanilat. Aduceți-l la fiert la foc mediu, amestecând des pentru a ajuta la dizolvarea zahărului. Se ia de pe foc.
b) Adăugați untul și ciocolata în oală. Se amestecă bine până se integrează amestecul.
c) Adăugați biscuiții măcinați și amestecați până se integrează bine. Se adauga apoi nuca macinata si se amesteca pana se incorporeaza complet. Lasam amestecul sa se raceasca 10-15 minute.

ASAMBLARE:
d) Desfaceți cu grijă foile de napolitană. Pune deoparte foaia cu cel mai bine aspect (aceasta va fi foaia ta de sus). Luați o altă foaie și puneți-o pe o suprafață tare.
e) Turnați aproximativ ¼ sau 1/5 din umplutură în mijlocul acestei foi. Distribuiți-l uniform pe toate părțile folosind un cuțit sau o lingură.
f) Puneți următoarea foaie de napolitană deasupra umpluturii și aliniați părțile laterale. Repetați acest proces cu umplutura și foile rămase până când ați epuizat toate materialele.
g) Acoperiți totul cu foaia pe care ați pus-o deoparte pentru a fi foaia de sus.
h) Înfășurați desertul în folie de plastic. Apoi puneți deasupra acestuia un obiect greu, acoperind cât mai mult posibil desertul.
i) Se lasă la înghețat într-un loc răcoros sau la frigider pentru cel puțin 6 ore, de preferință peste noapte.

TĂIERE:
j) Tăiați napolitana chiar înainte de servire. Folosiți un cuțit foarte ascuțit. Daca il doriti in forma de romburi, taiati prajitura in jumatate pe lungime, apoi taiati fiecare jumatate in jumatate pentru a obtine sferturi.

k) În cele din urmă, tăiați fiecare sfert în jumătate pentru a obține opt. Luați o bandă de opt și tăiați linii diagonale la fiecare 4-5 blocuri. Repetați cu toate benzile.

l) Păstrați orice napolitană rămasă în folie de plastic la frigider timp de până la 4-5 zile.

63. Prajitura de ciocolata cu rulouri de napolitana

INGREDIENTE:
PENTRU CRASTĂ:
- 200 de grame de făină de patiserie
- 50 de grame de zahăr
- 1 lingurita zahar vanilat
- 1 praf sare
- Coaja de ½ lămâie
- 120 grame unt
- 1 ou

Pentru tort:
- 6 ouă
- 150 de grame de zahăr
- 1 praf sare
- 2 lingurite de zahar vanilat
- 150 de grame de făină de patiserie
- 1 praf generos de praf de copt

PENTRU CREMA:
- ½ litru de lapte
- 100 de grame de ciocolată neagră
- 3 galbenusuri de ou
- 50 de grame de zahăr
- 60 grame amidon de porumb
- 250 de grame de unt moale
- 100 de grame de zahăr pudră

Napolitana rulata cu ciocolata:
- 1 cană de făină universală
- ½ cană pudră de cacao neîndulcită
- ½ cană zahăr granulat
- ¼ cană unt nesărat, topit
- 2 ouă mari
- ½ cană lapte integral
- ½ linguriță extract de vanilie
- Putina sare

A ASAMBLA:
- 4 linguri dulceata rosie (de ex., zmeura)
- 120 de bile de lapte maltat de ciocolata

INSTRUCȚIUNI:

PREGATI CRASTA:
a) Preîncălziți cuptorul la 170°C (aproximativ 350°F). Tapetați o tavă cu arc și o tavă de copt cu hârtie de copt.
b) Într-un castron, combinați făina de patiserie, zahărul, zahărul vanilat, sarea și coaja de lămâie rasă.
c) Tăiați în unt.
d) Adăugați oul și frământați rapid într-un aluat neted.
e) Întindeți aluatul uniform și apăsați-l pe fundul tavii elastice.
f) Coaceți până se rumenește aproximativ 10 minute. Scoatem din cuptor si lasam sa se raceasca pe un gratar.

PREGATITORUL:
g) Separați ouăle. Bate albusurile spuma pana se taie.
h) Bateți gălbenușurile cu zahărul, sarea și zahărul vanilat până devin cremoase.
i) Se amestecă făina cu praful de copt.
j) Albusurile se pliaza usor in amestecul de galbenusuri si zahar.
k) Încorporați treptat făina și praful de copt.
l) Întindeți uniform aluatul de tort pe tava tapetată cu pergament.
m) Coaceți până se rumenesc, aproximativ 8-10 minute. Tortul ar trebui să aibă puțină culoare și să revină atunci când este atins.
n) Scoateți tortul din cuptor, scoateți-l imediat din tavă și lăsați-l să se răcească pe un grătar. Scoateți hârtia de pergament.

PREPARATI CREMA:
o) Se topește ciocolata tocată în ⅔ din lapte și se aduce la fierbere.
p) Bateți gălbenușurile cu zahărul, amidonul de porumb și laptele rămas.
q) Adăugați amestecul de gălbenușuri de ou în laptele de ciocolată și aduceți la fierbere, amestecând continuu.
r) Se ia de pe foc și se răcește la temperatura camerei.
s) Bateți untul până la omogenizare. Cerneți zahărul pudră și amestecați-l cu untul.
t) Adaugati treptat crema de ciocolata in unt.

Napolitana rulata cu ciocolata:
u) Într-un castron, combinați făina universală și pudra de cacao neîndulcită.
v) Într-un castron separat, amestecați zahărul granulat, untul nesarat topit, ouăle, laptele integral, extractul de vanilie și un praf de sare până se combină bine.

w) Adăugați treptat amestecul uscat (făină și pudră de cacao) la amestecul umed în timp ce amestecați continuu. Amestecați până obțineți un aluat omogen. Aluatul trebuie să fie subțire și se poate turna, asemănător cu aluatul pentru clătite. Dacă este prea groasă, mai puteți adăuga puțin lapte pentru a obține consistența dorită.
x) Preîncălziți aparatul de napolitană sau fierul de călcat pizzele conform instrucțiunilor producătorului. Asigurați-vă că este fierbinte și gata de gătit.
y) Ungeți ușor plăcile aparatului de napolitană cu o cantitate mică de spray de gătit sau unt topit.
z) Turnați o cantitate mică de aluat în centrul fiecărei farfurii (cantitatea va depinde de dimensiunea aparatului de napolitană). Închideți aparatul de napolitană și gătiți conform instrucțiunilor producătorului, de obicei timp de aproximativ 1-2 minute, sau până când napolitanele sunt ferme și ușor crocante.
aa) Scoateți cu grijă foile de napolitană din aparat și puneți-le pe o suprafață curată pentru a se răci. Vor deveni mai crocante pe măsură ce se răcesc.
bb) În timp ce foile de napolitană sunt încă calde și flexibile, rulați cu grijă fiecare într-o formă de cilindru sau tub. Puteți folosi un obiect cilindric, cum ar fi un diblu de lemn sau un creion curat pentru a le modela.
cc) Țineți fiecare napolitană rulată pe loc timp de câteva secunde până se răcește și își menține forma. Continuați cu foile de napolitană rămase.

ASSAMBLAȚI TORTUL:
dd) Întindeți dulceața peste crustă.
ee) Acoperiți tortul cu o grosime de aproximativ 3 mm (aproximativ ⅛ inch) de cremă de ciocolată și lăsați-l la frigider pentru aproximativ 25 de minute.
ff) Tăiați tortul în fâșii lățime de 4-5 cm (aproximativ 1 ½ - 2 inchi).
gg) Asezati fasiile vertical pe crusta, acoperind toata crusta.
hh) Acoperiți tortul complet cu crema de ciocolată rămasă.
ii) Așezați rulourile de napolitană de ciocolată în jurul exteriorului prăjiturii.
jj) Răciți tortul la frigider până se întărește complet.
kk) Inainte de servire, orneaza prajitura cu bilute de lapte maltat de ciocolata si rulouri de napolitana in plus.

64. Prajitura de napolitana cu tuburi dulci

INGREDIENTE:

napolitane:
- 1 cană de făină universală
- ½ cană zahăr granulat
- ½ cană unt nesărat, topit
- 2 ouă mari
- ½ linguriță extract de vanilie
- Putina sare

ALTE INGREDIENTE:
- 250 g lapte condensat
- 250 g unt
- 10 ml crema (20%)
- 1 pachet de tuburi de napolitană dulce
- 1 pachet de gustări (cookies)
- 100 g ciocolată neagră
- 150 g zahăr pudră
- 1 ou
- 20 ml suc de lamaie

INSTRUCȚIUNI:

napolitane:

a) Într-un castron, combinați untul nesărat topit și zahărul granulat. Se amestecă până când zahărul se încorporează bine în unt.

b) Bateți ouăle pe rând, asigurându-vă că fiecare ou este complet încorporat înainte de a adăuga următorul.

c) Amestecați extractul de vanilie și un praf de sare și continuați să amestecați până când aluatul este omogen.

d) Adăugați treptat făina universală în aluat, amestecând continuu. Amestecați până obțineți un aluat omogen și gros.

e) Preîncălziți cuptorul la 350°F (175°C). Tapetați o foaie de copt cu hârtie de copt.

f) Cu o linguriță, aruncați porțiuni mici din aluat pe foaia de copt pregătită. Lăsați suficient spațiu între fiecare porție, deoarece aluatul se va întinde în timpul coacerii.

g) Folosește partea din spate a lingurii pentru a întinde fiecare porție într-o formă subțire. Țintește-te pentru o grosime de aproximativ 1/16 până la ⅛ inch.

h) Se pune foaia de copt in cuptorul preincalzit si se coace aproximativ 5-7 minute, sau pana cand napolitanele capata o culoare maro auriu deschis.
i) Scoateți napolitanele din cuptor și lăsați-le să se răcească pe tava pentru copt câteva minute. Vor deveni mai crocante pe măsură ce se răcesc.

Umplutura cu crema:
j) Într-un castron, combinați untul înmuiat și laptele condensat. Se amestecă până la omogenizare.
k) Adăugați treptat smântâna în porții mici, continuând să amestecați până când amestecul este omogen și bine combinat.

STRATIFICAREA TORTULUI:
l) Întindeți un strat din amestecul de smântână pe foile de napolitană, acoperindu-le uniform.
m) Puneți un alt strat de foi de napolitană deasupra și repetați procesul până când ați folosit toate foile de napolitană și smântâna. Asigurați-vă că terminați cu un strat de cremă deasupra.

PENTRU ACOPERIREA PENTRU COOKIE PEIMITĂ:
n) Se macină fursecurile într-un blender până devin firimituri fine. Alternativ, le puteți rade folosind o răzătoare foarte fină.
o) Amestecați firimiturile de biscuiți cu orice smântână rămasă pentru a crea o pastă groasă. Dacă este nevoie, adăugați o cantitate mică de smântână sau lapte pentru a obține consistența dorită.
p) Întindeți un strat subțire din această pastă de prăjituri pe părțile laterale și deasupra tortului, creând o suprafață netedă. Așezați tortul pe un vas de servire sau farfurie.
q) Răziți ciocolata neagră direct pe tort folosind o răzătoare mică.

PENTRU GLAURA:
r) Se amestecă 1 albuș cu 150 g de zahăr pudră și se adaugă câteva picături de suc de lămâie. Amestecul trebuie să fie gros.
s) Transferați glazura într-o pungă de patiserie sau într-o pungă mică de plastic cu o gaură mică tăiată la colț.
t) Așezați o bucată de hârtie simplă pe o suprafață plană și desenați sau imprimați pe ea fulgi de zăpadă sau orice figuri dorite. Acoperiți hârtia cu o foaie de hârtie de pergament sau o suprafață transparentă.
u) Trasează contururile figurilor cu glazura și lasă-le să se usuce timp de 5-12 ore.
v) Odată ce figurile de glazură sunt complet uscate, așezați-le cu grijă deasupra tortului ca decor.

w) Prajitura ta de napolitana cu tuburi dulci este gata pentru a fi savurata! Tăiați și serviți, și poftă bună!

65. Tort cu napolitană glazurată cu umplutură cu cremă

INGREDIENTE:
PENTRU ALUAT:
- 1 lingurita bicarbonat de sodiu
- 1 cană apă caldă
- 5 căni de făină
- ½ cană zahăr
- 1 lingurita praf de copt
- 2 oua
- ½ kilogram de scurtare

PENTRU UMPLUREA CREMA:
- 9 gălbenușuri de ou
- Scurtare de ¾ de kilogram
- ¾ cană zahăr
- ¾ cană apă
- 4 linguri de cacao Gefen
- ½ lingură cafea
- 1 și ½ linguri de zahăr vanilat Gefen
- 6 uncii de ciocolată pentru copt

PENTRU GLAZURI:
- 6 linguri ulei
- 6 linguri de apă clocotită
- ¾ de kilogram de zahăr de cofetarie Gefen
- 6 linguri de cacao Gefen
- 3-4 picături de extract de rom Gefen (opțional)

INSTRUCȚIUNI:
PREPARA ALUATUL:

a) Într-un castron mic, dizolvați bicarbonatul de sodiu în apă caldă și lăsați-l deoparte.
b) Într-un castron mare, combinați făina, zahărul și praful de copt.
c) Adăugați ouăle și scurtarea în amestecul de făină.
d) Se toarnă treptat amestecul de bicarbonat de sodiu și se frământă până se formează un aluat omogen.
e) Împărțiți aluatul în două părți, acoperiți cu folie de plastic și lăsați-l la frigider pentru cel puțin 30 de minute.
f) Preîncălziți cuptorul la 350°F (175°C).
g) Luați o porție din aluat și întindeți-o într-un dreptunghi subțire pe o suprafață tapetă cu făină. Dreptunghiul ar trebui să se potrivească cu tava de copt.
h) Puneți aluatul întins într-o tavă unsă cu unt.
i) Înțepați aluatul cu o furculiță pentru a nu se umfla în timpul coacerii.
j) Coaceți aproximativ 15-20 de minute sau până devin ușor aurii. Repetați acest proces cu a doua porție de aluat.

PREGĂTIȚI Umplutura cu cremă:

k) Într-o cratiță, amestecați gălbenușurile de ou, shorteningul, zahărul, apa, cacao, cafeaua și zahărul vanilat.
l) Gatiti la foc mic, amestecand continuu pana se ingroasa amestecul.
m) Luați de pe foc și adăugați ciocolata de copt până se topește complet. Lăsați-l să se răcească.

ASSAMBLAȚI TORTUL:

n) Puneți un strat de aluat copt într-un vas de servire.
o) Întindeți uniform umplutura de cremă răcită peste primul strat.
p) Puneți al doilea strat de aluat copt deasupra umpluturii cu cremă.

PREGĂTIȚI GLAZUUL:

q) Într-un castron, combinați uleiul, apa clocotită, zahărul de cofetă, cacao și extractul de rom (dacă se utilizează). Se amestecă până când glazura este netedă.
r) Se toarnă glazura peste stratul superior al prăjiturii, întinzând-o uniform cu o spatulă.
s) Dă prăjitura la frigider pentru câteva ore sau până când umplutura de cremă și glazura se întăresc.
t) Tăiați și serviți acest tort de lux de napolitană pentru a vă impresiona oaspeții!

66.Tort cu napolitană cu cacao și cafea

INGREDIENTE:
Pentru tort:
- 30 g pudră organică de cacao Food Thoughts
- 15 g pudră espresso instant
- 1-2 lingurite de lichior de cafea
- 50 ml apă clocotită
- 120 g zahăr muscovado brun deschis
- 2 ouă mari
- 100 ml ulei de măsline uşor
- ½ linguriță praf de copt fără gluten
- 75 g alune măcinate
- 2 linguri faina de castane
- 25 g alune prajite tocate

PENTRU NAPOLI:
- 3 linguri albus lichid de ou pasteurizat
- 35 g zahăr tos
- 15 g unt nesarat, topit
- 25 g alune măcinate
- 15 g faina de porumb

PENTRU MONTARE ŞI DECORARE:
- 200 ml crema dubla
- 1 lingurita extract de vanilie sau pasta de boabe de vanilie
- Lichior de cafea
- Pudră de cacao organică Food Thoughts
- Gânduri despre mâncare Chipuri de cacao prăjite

INSTRUCȚIUNI:
Pentru tort:
a) Preîncălziți cuptorul la 180°C/160°C ventilator/gaz 4.

b) Se amestecă cacao cu pudra de espresso și se adaugă extractul de cafea (sau lichiorul) și suficientă apă clocotită pentru a face o pastă subțire.

c) Puneți zahărul, uleiul de măsline și ouăle într-un castron mare. Folosind un mixer electric de mână, bateți câteva minute până când obțineți o cremă groasă, aurie, care arată ca o cremă palidă și netedă.

d) Adăugați pasta de cacao și continuați să amestecați. Apoi adăugați nucile măcinate și tocate, făina de castane și praful de copt. Amesteca bine.

e) Turnați aluatul în două forme de tort de 6 inci tapetate cu pergament de copt. Coaceți aproximativ 25 de minute până când se pune deasupra și o frigărui iese destul de curată. Se răcește câteva minute în forme, apoi se transferă pe un grătar pentru a se răci.

PENTRU NAPOLI:
f) Tăiați 2 cercuri de 15,5 cm (6 inchi) de pergament de copt (sau folosiți căptușeală antiaderentă pre-tăiată pentru tort) și așezați-le pe o foaie de copt.

g) Bateți albușul spumă într-un castron mare pentru câteva secunde, apoi adăugați zahărul și bateți până devine destul de gros și cremos. Încorporați alunele măcinate, făina de porumb și untul topit.

h) Întindeți amestecul peste cercurile de pergament și coaceți timp de 15 până la 20 de minute până când devine maro deschis. Lăsați napolitanele să se răcească și să se întărească pe un grătar.

PENTRU A MONTA TORTUL:
i) Bateți smântâna cu vanilia și un lichior sau sirop de arțar dacă folosiți.

j) Așezați o napolitană pe farfuria de servire, puneți o bucată de frișcă și puneți o prăjitură deasupra. Umpleți cu mai multă frișcă și puneți deasupra celălalt tort. Acoperiți cu un alt strop de smântână și cealaltă napolitană.

k) Folosește un șablon și cerne praf de cacao deasupra, apoi decorează cu vârfuri de smântână și vârfuri de cacao.

67.Cheesecake cu napolitană de ciocolată

Produce: 12

INGREDIENTE:
napolitane:
- 200 g (7 oz) ciocolată cu lapte de înaltă calitate
- 1 cană de biscuiți digestivi
- 2 linguri de unt nesarat
- ¼ cană (60 ml) lapte condensat
- ½ linguriță extract de vanilie

Cheesecake:
- 80 g unt nesarat, topit (plus suplimentar pentru uns)
- 150 g biscuiti digestivi
- 150 ml frisca pentru frisca
- 150 g ciocolata neagra, tocata grosier
- Cuvă de 180 g de brânză moale
- 50 g zahăr pudră
- 100 g iaurt natural grecesc strecurat
- ½ lingurita pasta de boabe de vanilie

INSTRUCȚIUNI:
napolitane:
a) Puneți biscuiții simpli într-o pungă cu fermoar și zdrobiți-i în firimituri fine folosind un sucitor sau dosul unei linguri.
b) Într-un castron sigur pentru cuptorul cu microunde sau folosind un boiler, topește jumătate din ciocolata cu lapte (100 g). Încălziți-l în rafale scurte în cuptorul cu microunde sau topiți-l încet peste apă fiartă în boiler. Se amestecă până se omogenizează și se topește complet.
c) Tapetați o farfurie mică dreptunghiulară sau pătrată (aproximativ 6 x 6 inci) cu hârtie de pergament, lăsând niște surplus pe părțile laterale.
d) Se toarnă ciocolata topită în vasul tapetat, răspândind-o uniform pentru a crea un strat subțire de jos. Puneți-l la frigider pentru a se întări în timp ce pregătiți umplutura de napolitană.
e) Într-un castron separat pentru cuptorul cu microunde sau folosind o cratiță, topește untul nesărat. Adăugați laptele condensat și extractul de vanilie și amestecați până se omogenizează bine.
f) Amestecați biscuiții napolitani zdrobiți în amestecul de unt și lapte condensat, asigurându-vă că sunt acoperiți uniform.

g) Scoateți vasul cu stratul de ciocolată din frigider după ce s-a întărit. Întindeți cu grijă amestecul de napolitane uniform peste stratul de ciocolată, apăsând-o ușor cu o spatulă.
h) Topiți jumătatea rămasă de ciocolată cu lapte (100g) folosind aceeași metodă ca înainte.
i) Turnați ciocolata topită peste umplutura de napolitană, acoperind-o complet și netezind blatul cu o spatulă.
j) Pune vasul înapoi la frigider și lasă batoanele să se întărească cel puțin 2 ore, sau până când ciocolata este fermă.
k) Odată ce batoanele sunt complet întărite, scoateți-le din vas cu ajutorul hârtiei de copt. Așezați-le pe o placă de tăiat.
l) Folosind un cuțit ascuțit, tăiați barele în degete, creând 10 degete din fiecare dintre cele 5 bare.

Cheesecake:
a) Începeți prin a unge baza și părțile laterale ale unei forme de tort de 20 cm cu fundul liber, apoi tapetați-o cu pergament de copt.
b) Într-un robot de bucătărie, amestecați biscuiții digestivi și napolitanele pe care tocmai le-ați făcut până se transformă în firimituri fine.
c) Adăugați untul topit și amestecați bine. Presați acest amestec uniform în tava pregătită, netezindu-l cu dosul unei linguri. Lăsați-l să se răcească în timp ce treceți la umplutură.
d) Într-o cratiță, încălziți ușor smântâna pentru frișcă până când este pe punctul de a fierbe. Se ia de pe foc și se adauga ciocolata neagra tocata. Se lasa sa stea 2 minute, apoi se amesteca pana cand ciocolata este complet incorporata in crema.
e) În timp ce amestecul de ciocolată-cremă se odihnește, folosiți o lingură de lemn pentru a bate împreună brânza moale, zahărul pudră, iaurtul grecesc și vanilia până când sunt bine combinate.
f) Încorporați treptat amestecul de cheesecake în amestecul de ciocolată-cremă, adăugând câte o lingură mare pe rând. Se amestecă până când totul este bine combinat.
g) Turnați acest amestec de ciocolată delicios peste baza de biscuiți și napolitane răcite, asigurându-vă că este întins uniform. Se netezește partea de sus cu o spatulă.
h) Cheesecake-ul trebuie să fie setat, așa că dați-l la frigider pentru cel puțin 6 ore, dar peste noapte este și mai bine.
i) Când sunteți gata de servit, ridicați ușor cheesecake-ul din tavă și îndepărtați hârtia de pergament. Pune-l pe o farfurie de servire.

j) Pentru a adăuga o notă finală, decorează cheesecake-ul cu degetele rămase de napolitană chiar înainte de servire.

68. Napolitane cu iaurt congelat cu capsuni

Produce: 12 napolitane

INGREDIENTE:
NAVETE DE ÎNGHETATA EXTRA-GROSA
- 1 cană de făină universală
- ½ cană zahăr granulat
- ¼ cană unt nesărat, topit
- ¼ cană lapte
- ½ linguriță extract de vanilie
- Putina sare
- Spray de gătit sau unt topit suplimentar (pentru ungerea fierului de vafe)

UMPLERE
- 250 g căpșuni, decojite, plus încă 125 g căpșuni, decojite și tocate fin
- ½ cană (110 g) zahăr tos
- 500 g iaurt bio în stil grecesc
- ½ cană (125 ml) smântână pură (subțire).

INSTRUCȚIUNI:
NAVETE DE ÎNGHETATA EXTRA-GROSA
a) Preîncălziți fierul de vafe conform instrucțiunilor producătorului.
b) Într-un castron, combinați făina universală, zahărul granulat și un praf de sare.
c) Într-un castron separat, potrivit pentru cuptorul cu microunde, topește untul nesărat.
d) Adăugați untul topit, laptele și extractul de vanilie la ingredientele uscate. Amestecați până obțineți un aluat omogen. Ar trebui să fie groasă, dar de turnat.
e) Ungeți ușor fierul de vafe cu spray de gătit sau unt topit.
f) Turnați suficient aluat pe fierul de vafe preîncălzit pentru a acoperi aproximativ ⅔ din grătarul de vafe. Cantitatea de aluat necesară va depinde de dimensiunea fierului de vafe.
g) Închideți fierul de vafe și gătiți conform instrucțiunilor producătorului până când napolitanele devin aurii și crocante. Acest lucru durează de obicei aproximativ 2-4 minute.
h) Scoateți cu grijă napolitanele din fierul de vafe folosind o furculiță sau o spatulă. Ar trebui să fie flexibile când sunt fierbinți, dar vor deveni crocante pe măsură ce se răcesc.

i) Puneți napolitanele fierbinți pe un grătar pentru a se răci complet. Pe măsură ce se răcesc, vor deveni napolitane de înghețată foarte groase.

PREGĂTIREA AMESTECULUI DE IAURT DE CAPSUNI:

a) Începeți prin a pune cele 250 g de căpșuni decojite și zahăr tos într-un robot de bucătărie. Procesați până când amestecul devine omogen.

b) Adăugați iaurtul organic în stil grecesc la amestecul de căpșuni din robotul de bucătărie. Procesați din nou până când totul este bine combinat.

c) Se toarnă amestecul de iaurt de căpșuni într-un recipient mare, puțin adânc de plastic. Acoperiți-l cu un capac sau folie și puneți-l la congelator.

d) Lăsați-l să înghețe aproximativ 3 ore sau până devine ferm.

PREGĂTIREA Umpluturii cu iaurt:

e) Ungeți o tigaie Lamington de 20 cm x 30 cm cu un pulverizator ușor de ulei vegetal. Tapetați baza și două părți lungi ale tavii cu o foaie de hârtie de copt, tăind-o pentru a se potrivi.

f) Folosind bătăi electrice, bate smântâna pură (subțire) într-un castron mare până se formează vârfuri moi.

g) Scoateți amestecul de iaurt cu căpșuni din congelator. Tăiați-o grosier și apoi procesați-o într-un robot de bucătărie până devine netedă.

h) Îndoiți amestecul de iaurt de căpșuni procesat în frișcă. Adăugați căpșunile tocate în plus pentru a crea o umplutură delicioasă.

i) Întindeți uniform amestecul de iaurt și căpșuni peste baza tigaii lamington pregătite.

j) Acoperiți tava cu folie de plastic și puneți-o înapoi la congelator. Lăsați-l să se înghețe aproximativ 4 ore sau până devine ferm.

MONTAREA VAFELOR DE IAURT CONGELAT DE CAPSUNI:

k) Întoarceți placa de iaurt congelat cu căpșuni pe o masă de tocat. Scoateți hârtia de copt și tăiați marginile pentru a crea un dreptunghi îngrijit.

l) Utilizați una dintre napolitanele de înghețată foarte groase ca ghid pentru mărime. Tăiați placa de iaurt înghețat în 12 bucăți de dimensiuni potrivite.

m) Sandwich fiecare bucată de iaurt înghețat cu căpșuni între două napolitane de înghețată foarte groase pentru a crea napolitane delicioase cu iaurt înghețat cu căpșuni.

n) Serviți imediat și bucurați-vă de napolitanele de casă cu iaurt înghețat cu căpșuni, un răsfăț încântător și răcoritor!

69. Napolitane cu inghetata de cafea

Produce: 6

INGREDIENTE:
UMPLERE
- 4 gălbenușuri de ou
- 6 linguri de zahar tos
- 1 lingurita faina de porumb
- 300 ml lapte
- 1 cană (250 ml) cafea neagră, răcită
- 150 ml crema groasa
- 100 g ciocolată neagră

napolitane
- 1 cană de făină universală
- ¼ cană zahăr granulat
- ¼ cană unt nesărat, înmuiat
- ¼ cană lapte
- ½ linguriță extract de vanilie
- Putina sare

INSTRUCȚIUNI:
napolitane
a) Într-un bol de mixare, cremă împreună untul înmuiat și zahărul până se omogenizează bine.
b) Adăugați extractul de vanilie și un praf de sare la amestecul de unt-zahăr. Se amestecă până se încorporează.
c) Adăugați treptat făina și laptele alternativ, începând și terminând cu făina. Amestecați până obțineți un aluat omogen.
d) Împărțiți aluatul în 12 părți egale și rulați fiecare porție într-o bilă.
e) Preîncălziți fierul de călcat de vafe sau presa de napolitană conform instrucțiunilor producătorului acesteia.
f) Așezați o bilă de aluat în centrul fiecărei secțiuni de fier de vafe. Închideți fierul de vafe și gătiți până când napolitanele sunt aurii și crocante. Timpul de gătire poate varia în funcție de fierul de vafe, dar durează de obicei 2-4 minute.
g) Scoateți cu grijă napolitanele din fierul pentru vafele folosind o furculiță sau o spatulă, deoarece vor fi fierbinți.
h) Lăsați napolitanele să se răcească pe un grătar. Vor continua să se întărească pe măsură ce se răcesc.

UMPLERE
i) Puneți gălbenușurile de ou, zahărul și făina de porumb într-un castron și bateți până devine foarte ușor și pufos.
j) Puneți laptele într-o cratiță și încălziți până se oparește, apoi turnați-l peste amestecul de ouă în timp ce bateți continuu pentru a se combina.
k) Amestecul se pune înapoi în cratiță și se fierbe la foc foarte mic, amestecând până se îngroașă. Se ia de pe foc, se adaugă cafeaua neagră răcită și se amestecă. Dă la frigider timp de 30 de minute pentru a se răci.
l) Bateți smântâna groasă și amestecați-o în amestecul de înghețată de cafea. Turnați amestecul combinat într-un recipient puțin adânc și congelați până când devine înghețat la margini.
m) Scoateți recipientul din congelator și bateți înghețata cu un bătutor electric. Se toarnă înapoi în recipient și se recongelează. Repetați acest pas de 2 sau 3 ori pentru a crea o textură de înghețată mai fină. Dacă aveți o mașină de înghețată, o puteți utiliza urmând instrucțiunile producătorului.
n) Tapetați o tavă lamington de 20 x 30 cm cu folie, întindeți înghețata în tavă și congelați până se întărește.

o) Întoarceți înghețata congelată pe o placă, scoateți și aruncați folia. Folosiți rapid o napolitană ca șablon pentru a tăia dreptunghiuri din înghețată (recongelați toate resturile și folosiți-le pentru a face affogatos).
p) Topiți ciocolata neagră într-un castron peste o tigaie cu apă clocotită (asigurați-vă că vasul nu atinge apa). Lăsați ciocolata topită să se răcească puțin.
q) Ungeți ambele părți ale fiecărei napolitane în ciocolata topită. Puteți folosi o pensulă de patiserie pentru a acoperi orice pete greu de atins.

A ASAMBLA
r) Pentru a servi, pune la sandwich fiecare bucată de înghețată între 2 napolitane. Serviți-le pe farfurii răcite. Napolitanele cu înghețată de cafea sunt delicioase atunci când sunt asociate cu pahare mici de cafea fierbinte și tare.

70.Sandviș cu înghețată cu napolitană de ciocolată

INGREDIENTE:
- ½ galon de înghețată ușor moale

PENTRU PRESECURI DE CIOCOLATA:
- 13 ⅓ uncii de făină universală
- 3 ½ uncii pudră de cacao
- ¾ lingurita sare
- 7 uncii de zahăr granulat
- 10 uncii unt nesarat
- 2 galbenusuri de ou
- 2 lingurite extract de vanilie

INSTRUCȚIUNI:

a) Presă înghețata ușor înmuiată într-o tavă de copt de 9 x 13 inci tapetată cu hârtie de copt. Se netezește partea de sus și apoi se transferă la congelator pentru cel puțin o oră.

b) Preîncălziți cuptorul la 350°F (175°C). Poziționați un grătar în partea de mijloc sus a cuptorului și altul în partea de mijloc inferioară.

c) Într-un castron de mărime medie, cerne împreună făina universală, pudra de cacao și sarea.

d) Folosind un mixer la viteză medie, cremă împreună zahărul granulat și untul nesarat până când amestecul devine ușor și spumos.

e) În timp ce amestecați în continuare, adăugați gălbenușurile de ou și extractul de vanilie.

f) Adăugați ușor făina cernută și amestecul de cacao, având grijă să nu amestecați prea mult aluatul.

g) Împărțiți aluatul în jumătate și modelați fiecare jumătate într-un pătrat de 5 inci. Înfășurați fiecare pătrat în folie de plastic și lăsați-l la frigider pentru 30 de minute.

h) Puneți unul dintre pătratele de aluat pe o suprafață de lucru ușor înfăinată și întindeți-l într-un dreptunghi de 8 x 12 inci. Tăiați-o în 12 fursecuri individuale de 4 x 2 inci. Repetați procesul cu celălalt pătrat de aluat.

i) Folosind o spatulă plată, transferați cu grijă prăjiturile pe două foi de copt tapetate cu pergament. Apoi, faceți 15 găuri în fiecare prăjitură folosind un obiect ascuțit.

j) Coaceți fursecurile timp de 10-12 minute, schimbând foile de copt de jos în sus și din față în spate la marcajul de 5-6 minute.

k) Odată copți, scoateți fursecurile din cuptor și lăsați-le să se răcească complet înainte de a trece la pașii următori.
l) Scoateți înghețata din tavă, tăiați marginile pentru un aspect mai curat și tăiați înghețata în dreptunghiuri de 12 4x2 inci.
m) Asamblați fiecare sandviș cu înghețată punând un dreptunghi de înghețată între două fursecuri. Înfășurați fiecare sandviș cu înghețată în folie de plastic și puneți-le la frigider peste noapte pentru a permite înghețatei să se înmoaie.

71.Sandvișuri cu înghețată surpriză cu rubarbă

INGREDIENTE:
napolitane
- 1 cană de făină universală
- ½ cană unt nesărat, topit
- ½ cană zahăr granulat
- ¼ cană lapte integral
- ½ linguriță extract de vanilie
- Vârf de cuțit de sare

ÎNGHEȚATĂ
- 4 gălbenușuri de ou
- 250 ml lapte
- 500 ml crema dubla
- 100 g zahăr tos
- 5 tulpini de rubarbă

INSTRUCȚIUNI:
napolitane

a) Într-un castron, combinați untul nesărat topit, zahărul granulat, laptele integral, extractul de vanilie și un praf de sare. Se amestecă până când toate ingredientele sunt bine combinate.

b) Adăugați treptat făina universală la ingredientele umede, amestecând continuu. Continuați să amestecați până când obțineți un aluat omogen și destul de subțire.

c) Preîncălziți o tigaie antiaderentă sau un aparat de napolitană la foc mediu. Dacă folosiți o tigaie, ungeți-o ușor cu o cantitate mică de unt sau spray de gătit.

d) Turnați o cantitate mică de aluat pe tigaie sau în aparatul de napolitană. Întindeți-l subțire pentru a forma o napolitană rotundă. Țintește-te pentru o grosime de aproximativ 1/16 până la ⅛ inch.

e) Gatiti napolitana aproximativ 2-3 minute pe fiecare parte sau pana capata o culoare maro auriu. Folosește o spatulă pentru a răsturna cu grijă napolitana dacă folosești o tigaie.

f) Continuați să faceți foi de napolitană suplimentare, repetând procesul de gătire cu aluatul rămas. Faceți cât mai multe foi de napolitană este necesar pentru sandvișurile cu înghețată.

g) Lăsați foile de napolitană de casă să se răcească complet pe o suprafață curată sau pe un grătar de sârmă. Vor deveni crocante pe măsură ce se răcesc.

ÎNGHEȚATĂ

h) Prăjiți rubarba la cuptor la 150°C (300°F) timp de aproximativ 20 de minute până devine moale, dar încă își păstrează forma. Puneți deoparte tulpinile mai înguste pentru a le folosi pentru nouă bucăți și lăsați-le să scurgă excesul de suc. Răbarba rămasă se face piure într-un blender.

i) Într-o cratiță, încălziți laptele și zahărul până când începe să clocotească, dar nu să fiarbă.

j) Adăugați smântâna dublă la amestec.

k) Într-un castron separat, bateți gălbenușurile și adăugați o cană din amestecul de smântână caldă pentru a tempera gălbenușurile.

l) Încorporați amestecul de ouă în amestecul de lapte și smântână încălzit și gătiți ușor până când începe să se îngroașe și să acopere partea din spate a unei spatule.

m) Luați de pe foc și răciți bine amestecul înainte de a-l amesteca într-o mașină de înghețată.

n) Cu aproximativ cinci minute înainte ca mașina de înghețată să termine de amestecat, adăugați piureul de rubarbă pentru a aroma baza de cremă.
o) Asigurați-vă că înghețata este încă moale și maleabilă.
p) Pune o linguriță de înghețată în baza fiecărei secțiuni a tăvii blocului de înghețată.
q) Puneți o bucată de rubarbă prăjită deasupra înghețatei.
r) Acoperiți rubarba și înghețata cu încă o lingură de înghețată, asigurându-vă că nu există goluri.
s) Puneți tava plat în congelator și răciți câteva ore până când blocurile de înghețată sunt tari.
t) Când sunteți gata să savurați sandvișurile cu înghețată, scoateți tava din congelator cu aproximativ 5 minute înainte de servire.
u) Treceți cu un cuțit contondent în jurul blocurilor de înghețată pentru a le slăbi, iar acestea ar trebui să iasă dintr-o singură bucată.

A ASAMBLA

v) Sandvișează fiecare bloc de înghețată între două napolitane dreptunghiulare de înghețată pentru a crea sandvișuri delicioase cu înghețată.

72. Napolitane din dantela de migdale

Produce: 27 de napolitane

INGREDIENTE:
- ¾ de cană de migdale rase nealbite
- ½ cană de unt nesărat
- ½ cană zahăr
- 1 lingura de faina
- 1 lingură smântână groasă sau lapte evaporat
- 1 lingura lapte integral

INSTRUCȚIUNI:
a) Preîncălziți cuptorul la 350°F (175°C).
b) Ungeți și făinați două foi de prăjituri pentru a nu se lipi.
c) Puneți migdalele răzuite nealbite (sau făina de migdale) într-o cratiță.
d) Se amestecă toate ingredientele rămase: unt nesărat, zahăr, făină, smântână groasă (sau lapte evaporat) și lapte integral.
e) Gatiti acest amestec la foc mic pana se topeste untul, amestecand continuu. Aluatul va fi destul de subțire.
f) Folosind o linguriță, aruncați porțiuni mici din aluat pe foile de biscuiți pregătite, distanțați-le la aproximativ 2 inci. Trebuie să puneți doar 5-6 porții pe fiecare foaie, deoarece aluatul se va întinde în timpul coacerii.
g) Coaceți în cuptorul preîncălzit timp de 7 până la 9 minute sau până când napolitanele au căpătat o culoare de caramel deschis, cu centrele spumoase. Urmăriți-le îndeaproape pentru a preveni rumenirea excesivă, deoarece pot trece rapid de la auriu la prea închis.
h) Lăsați napolitanele să se răcească aproximativ 1 minut, apoi transferați-le imediat, cu PASUL ÎN JOS, pe o foaie de hârtie cerată.
i) Lucrați rapid și, în timp ce fursecurile sunt încă pliabile, rulați fiecare în jurul mânerului unei linguri de lemn, formând un cilindru liber. Dacă fursecurile încep să se întărească și devin greu de rulat, le puteți întoarce pentru scurt timp la cuptor pentru 1 minut pentru a se înmuia.
j) Lăsați napolitanele de dantelă de migdale rulate să se răcească complet.
k) Bucurați-vă de aceste napolitane delicate și crocante din dantelă de migdale ca un răsfăț încântător!

73. Napolitane cu rachiu

Produce: 1 lot

INGREDIENTE:
- 2 uncii sirop de aur
- 2 uncii de unt
- 2 uncii de făină
- 2 uncii de zahăr tos
- ½ linguriță coniac
- ½ linguriță de ghimbir măcinat

INSTRUCȚIUNI:
a) Preîncălziți cuptorul la 450°F (230°C) sau utilizați Mark 8 la setarea cuptorului. Ungeți foile de copt.
b) Într-o cratiță, topește untul, siropul auriu și zahărul tos împreună la foc foarte bland. Amestecați continuu până când amestecul este bine combinat.
c) Se amestecă făina, ghimbirul măcinat și coniacul. Se amestecă totul bine.
d) Continuați să bateți amestecul timp de aproximativ 5 minute până devine omogen și bine încorporat.
e) Puneți o linguriță mică din amestec pe tava de copt unsă, asigurându-vă că le distanțați bine.
f) Coaceți napolitanele în cuptorul preîncălzit pentru aproximativ 5 minute sau până devin maro auriu pal.
g) În timp ce napolitanele sunt încă fierbinți, rulați cu grijă fiecare în jurul mânerului uns al unei linguri mari de lemn. Acest lucru le va da forma semnăturii lor.
h) Puneți napolitanele rulate deoparte să se răcească.
i) După ce s-au răcit complet, le puteți umple cu frișcă proaspătă, dacă doriți.

74. Rulouri de napolitană cu praline și ciocolată cu nuci

INGREDIENTE:
PENTRU NAPOLINE RALE:
- 80 g unt, topit
- 4 foi de aluat filo

PENTRU Umplutura:
- 160 g ciocolată tartinată cu alune Akis
- 100 g nuci, zdrobite

PENTRU ZAHĂRUL AROMAT:
- 80 g zahăr granulat
- ½ lingurita de scortisoara macinata

INSTRUCȚIUNI:
PENTRU ZAHĂRUL AROMAT:
a) Pe o farfurie, combina cu o lingura zaharul granulat si scortisoara macinata. Puneți deoparte pentru utilizare ulterioară.

PENTRU NAPOLINE RALE:
b) Preîncălziți cuptorul la 180°C (350°F) cu ventilatorul pornit.

c) Folosește mânerul unei linguri de lemn pentru a crea 24 de cilindri din foi de folie de aluminiu. Fiecare cilindru ar trebui să aibă în jur de 7-8 cm lungime.

d) Stropiți o foaie de aluat filo cu unt topit, asigurându-vă să nu periați sau atingeți foaia. Deasupra se pune o altă foaie de aluat filo și se stropește cu mai mult unt topit.

e) Folosiți un cuțit ascuțit pentru a tăia foile în 12 fâșii, fiecare de aproximativ 7-8 cm lățime.

f) Așezați un cilindru de folie de aluminiu în partea de jos a fiecărei benzi de filo și rulați-l în jurul cilindrului. Creezi napolitane pe care le poți umple mai târziu.

g) Stropiți napolitanele rulate cu mai mult unt topit și apoi rulați-le în zaharul aromat pentru a le acoperi.

h) Transferați napolitanele pe o tavă de copt tapetată cu hârtie de copt.

i) Coaceți 9-10 minute sau până când devin maro auriu și devin crocante.

j) Scoateți din cuptor și lăsați-le să se răcească. Repetați procesul pentru celelalte 2 foi de aluat filo.

PENTRU Umplutura:
k) Combinați sosul de praline de ciocolată cu alune de pădure cu nucile zdrobite. Transferați acest amestec într-o pungă.

l) Odată ce napolitanele rulate sunt suficient de reci pentru a fi manipulate, îndepărtați folia de aluminiu. Introduceți tubul în fiecare napolitană și umpleți-le cu amestecul de ciocolată cu alune de nucă.

75. Rulouri de napolitane spaniole (Neula)

Face: 4 portii

INGREDIENTE:
- ½ cană unt (temperatura camerei)
- ½ cană zahăr
- 2 oua
- 1 galbenus de ou
- ½ cană lapte (proaspăt sau evaporat)
- 1 lingurita extract de vanilie
- ¾ cană făină universală
- 2 linguri faina de porumb
- ¼ lingurita sare

INSTRUCȚIUNI:
a) Bateți untul înmuiat până devine omogen.
b) Adăugați zahărul și continuați să amestecați până devine ușor și pufos. Razuiti vasul pentru a incorpora toate ingredientele.
c) Adăugați câte un ou, amestecând bine după fiecare adăugare. Asigurați-vă că răzuiți ocazional părțile laterale ale vasului.
d) Adăugați gălbenușul de ou și amestecați-l.
e) Turnați o jumătate de cană de lapte și adăugați un strop de extract de vanilie.
f) Cerneți făina universală, făina de porumb și sarea printr-o sită pentru a asigura un aluat fin.
g) Preîncălziți roti maker-ul. Puneți o lingură de aluat în el, apoi închideți și așteptați 45 de secunde.
h) Deschideți capacul și rulați napolitana fiartă folosind două bețișoare.
i) Lăsați napolitanele rulate să se răcească.

76. Napolitane cu parmezan

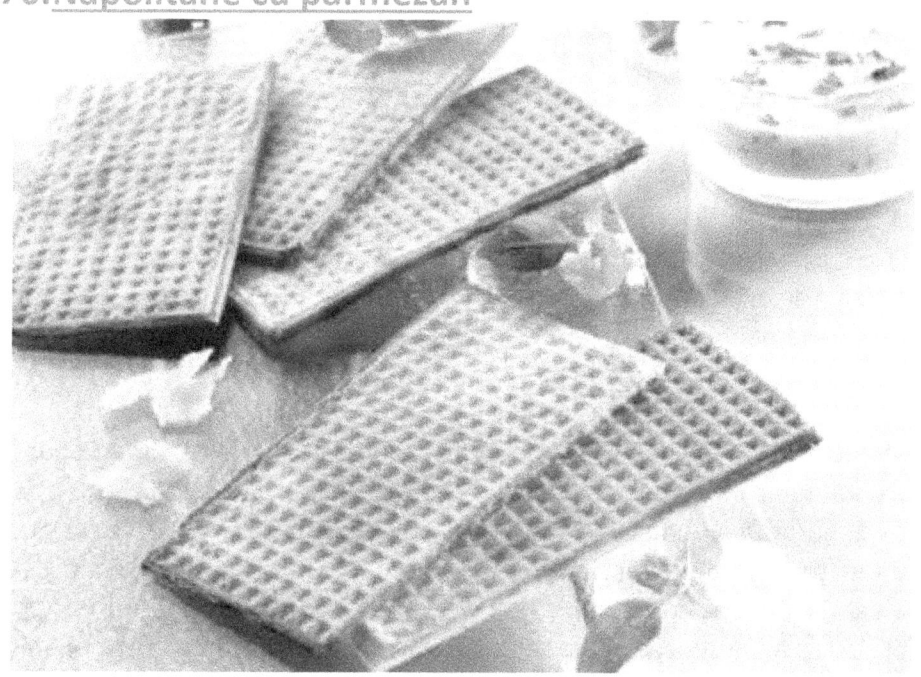

Produce: 4 bucati

INGREDIENTE:
- 350 ml lapte
- 20 g zahăr
- 3 ouă
- 85 g unt
- 30 g parmezan, ras
- Vârf de cuțit de sare
- 85 g faina universala

INSTRUCȚIUNI:
a) Într-un castron, combinați laptele, zahărul și un praf de sare. Adăugați treptat făina universală, amestecând continuu pentru a evita cocoloașele.
b) Separam galbenusurile de albusuri. Adăugați gălbenușurile de ou și untul topit la amestecul de lapte-făină. Se amestecă bine până când aluatul este bine combinat.
c) Lăsați aluatul să se odihnească într-un loc răcoros timp de aproximativ 1 oră. Această perioadă de odihnă permite aromelor să se topească și aluatul să se îngroașe ușor.
d) Într-un castron separat, bate albușurile spumă până se formează vârfuri tari. Acest lucru va crea o textură ușoară și aerisită pentru napolitanele tale.
e) Puneți ușor parmezanul ras și albușurile bătute spumă în aluat. Încorporați cu grijă aceste ingrediente pentru a menține textura pufoasă.
f) Preîncălziți o tigaie antiaderentă sau un grătar la foc mediu.
g) Turnați o parte din aluat pe tigaie pentru a crea napolitane de dimensiunea dorită. Gătiți fiecare napolitană timp de 3 până la 5 minute sau până când devin maro auriu pe fund. Veți observa că se umflă și devin crocante pe margini.
h) Întoarceți cu grijă napolitanele folosind o spatulă și gătiți încă 3 până la 5 minute pe cealaltă parte sau până când devin aurii și crocante peste tot.
i) Odată gătite după bunul plac, scoateți napolitanele cu parmezan din tigaie și lăsați-le să se răcească pe un grătar.
j) Servește aceste napolitane savuroase cu parmezan ca o gustare delicioasă, aperitiv sau acompaniament la diferite feluri de mâncare. Bucurați-vă de bunătatea brânză!

77.Napolitane cu brânză maghiară

INGREDIENTE:

- 500 g făină simplă
- 100 g faina de prajitura si patiserie
- 200 g unt sau margarina
- 150 g branza rasa
- 2 galbenusuri de ou
- 200 ml smantana
- 1 lingurita bicarbonat de sodiu
- 2 lingurite sare
- 1 lingurita de seminte de chimen si/sau piper macinat sau orice alt condiment dupa gust

INSTRUCȚIUNI:

a) Într-un bol de amestecare, combinați făina simplă, făina de prăjitură și de patiserie, sarea, bicarbonatul de sodiu și orice condimente dorite, cum ar fi semințe de chimen, piper măcinat sau alte condimente.
b) Se rade untul si se adauga in amestecul de faina. Apoi, încorporează brânza rasă în amestec.
c) Într-un castron separat, amestecați smântâna și gălbenușurile de ou.
d) Turnați amestecul de smântână și gălbenușuri de ou în ingredientele uscate. Se frământă amestecul până se formează un aluat neted și moale.
e) Pune aluatul la frigider pentru 30 de minute pentru a se răci.
f) Preîncălziți aparatul de napolitană.
g) Tăiați aluatul răcit în 4-6 bucăți și rulați fiecare bucată într-un cilindru lung și strâns.
h) Tăiați fiecare cilindru în bucăți de 2 cm și așezați două dintre ele pe aparatul de napolitană deodată.
i) Apăsați-le împreună și pliați-le imediat. Vor deveni rapid o frumoasă culoare aurie.
j) Scoateți napolitanele din aparatul de napolitană folosind o spatulă și puneți-le într-un bol sau farfurie pregătită. Le puteți stivui și nu este nevoie de un recipient etanș.
k) Ele își vor menține crocante pentru o lungă perioadă de timp atunci când sunt acoperite cu un șervețel.

78. Napolitane Cheddar

Produce: aproximativ 3 duzini de napolitane mici

INGREDIENTE:
- 1 baton de unt, topit
- 2 oua
- ¼ linguriță de usturoi pudră
- ⅛ linguriță de piper cayenne
- ¼ lingurita de piper alb macinat
- ½ lingurita sare
- ½ cană brânză cheddar rasă
- 1 ½ linguriță praf de copt
- 2 căni de făină universală

INSTRUCȚIUNI:
a) Preîncălziți cuptorul la 350°F (175°C).
b) Într-un castron, amestecați untul topit și ouăle până devine cremos.
c) Adaugam branza cheddar rasa si amestecam pana se omogenizeaza bine.
d) Se amestecă praful de copt, sarea, piper alb, ardeiul de cayenne, pudra de usturoi și făina. Se amestecă până când toate ingredientele sunt bine încorporate.
e) Întindeți aluatul pe o suprafață cu făină până când are puțin mai puțin de ¼ inch grosime.
f) Folosiți forme pentru prăjituri pentru a tăia cercuri mici din aluat și așezați-le pe o foaie de copt tapetată cu hârtie de copt.
g) Coaceți în cuptorul preîncălzit pentru aproximativ 20 de minute sau până când napolitanele devin aurii.
h) Napolitanele de cheddar pot fi, de asemenea, coapte și apoi depozitate la congelator, unde vor rămâne proaspete până la trei luni.

79. Napolitane cu seminţe de susan

Produce: Aproximativ 4 duzini de napolitane

INGREDIENTE:
- 1 ½ cană de făină universală necernută
- 1 lingura zahar
- ½ lingurita sare
- ¼ cană (½ baton) unt
- 3 linguri de scurtătură vegetală
- ⅔ cană semințe de susan prăjite
- 1 ou mare
- 3 linguri lapte

INSTRUCȚIUNI:
a) Preîncălziți cuptorul la 350°F (175°C) și ungeți două foi mari de copt.
b) Pe suprafața cu făină pe care ați întins aluatul la o grosime de aproximativ ⅛ inch, utilizați forme rotunde de 2 ½ inci sau forme de prăjituri de vacanță, ușor înfăinate, pentru a tăia aluatul în napolitane.
c) Transferați cu grijă napolitanele tăiate pe foile de copt unse, asigurându-vă că le distanțați, lăsând spațiu pentru expansiune în timpul coacerii.
d) Cu cele 2 linguri de amestec de ou și lapte rezervate, ungeți ușor vârfurile fiecărei napolitane. Acest lucru le va da un luciu auriu atunci când sunt coapte.
e) Puneți foile de copt în cuptorul preîncălzit și coaceți napolitanele timp de aproximativ 10 până la 12 minute sau până când devin aurii și crocante.
f) Odată copte, scoateți napolitanele din cuptor și lăsați-le să se răcească pe foile de copt câteva minute.
g) După ce s-au răcit ușor, transferați napolitanele pe un grătar pentru a se răci complet.
h) Odată ce s-au răcit complet, napolitanele cu semințe de susan sunt gata de savurat.

80.Napolitane cu salvie și cheddar cu semințe

Produce: 60 de porții

INGREDIENTE:
- 2 linguri de seminte de susan
- 2 linguri de mac
- 3 linguri de salvie proaspata tocata (sau 1 lingura de salvie uscata)
- 1 ½ cană de făină universală nealbită
- ½ lingurita piper cayenne
- ½ kilogram de brânză cheddar albă tăiată în cuburi de ½ inch
- 1 baton de unt nesarat, taiat bucati de marimea lingura

INSTRUCȚIUNI:
a) Într-o tigaie medie, la foc mediu-mic, prăjiți semințele de susan până devin maro auriu, scuturând tigaia continuu.
b) Acest lucru ar trebui să dureze aproximativ 15 minute. Transferați semințele de susan prăjite într-un castron mare și amestecați semințele de mac, salvia tocată, făina și ardeiul cayenne.
c) Folosind un robot de bucătărie cu o lamă de metal, toacă brânza cheddar albă, ascuțită, până devine foarte fină. Adăugați amestecul de făină și condimente, împreună cu bucățile de unt. Procesați amestecul până când se formează o bilă.
d) Transferați aluatul pe o suprafață ușor înfăinată și rulați-l într-un buștean de 12 inci. Răciți aluatul la frigider timp de 30 de minute.
e) Preîncălziți cuptorul la 400 de grade Fahrenheit (200 de grade Celsius). Tăiați aluatul răcit în felii groase de ⅛ inci și puneți-le pe o tavă de copt.
f) Coaceți napolitanele în cuptorul preîncălzit pentru aproximativ 10 până la 12 minute, sau până când devin maro auriu pe margini.
g) Bucurați-vă de napolitanele cu salvie și cheddar cu semințe!

81.Napolitane biscuite cu rachiu de scortisoara

Face: Aproximativ 1 porție

INGREDIENTE:
- 2 ouă mari, bătute
- ½ cană + 1 lingură zahăr
- ½ cană + 1 lingură ulei de gătit, plus mai mult pentru grătar
- 1 lingurita scortisoara macinata
- 2 linguri rachiu
- 1½ cani de faina cernuta

INSTRUCȚIUNI:
a) Încingeți o grătar pentru pizzele (disponibilă la magazinele specializate de bucătărie) până când este fierbinte și ungeți-o cu ulei.
b) Într-un castron mediu, bateți ouăle folosind o furculiță.
c) La ouăle bătute, adăugați zahărul, uleiul de gătit, scorțișoara măcinată și coniacul. Se amestecă bine pentru a combina toate ingredientele.
d) Adăugați făina cernută în amestec și amestecați până când aluatul devine omogen.
e) Puneți aluatul prin grămadă de lingurițe pe grătarul fierbinte, uns cu ulei.
f) Gatiti aproximativ 40-45 de secunde. Timpii de gătire pot varia în funcție de grătarul dumneavoastră specific.
g) Napolitanele trebuie să devină maro auriu și să se ridice usor cu o furculiță când sunt gata. Nu ar trebui să se lipească de grătar.
h) Odată fierte, scoateți napolitanele de pe grătar și lăsați-le să se răcească.

82. Napolitane cu semințe mixte

Produce: Aproximativ 60 de fursecuri

INGREDIENTE:
- ½ cană de unt organic nesărat, la temperatura camerei
- ⅔ cană făină universală
- ¼ lingurita de bicarbonat de sodiu
- 1 cană de zahăr brun, ambalat
- 1 ou
- 1 lingurita de vanilie
- 1 ¼ cană de seminţe amestecate (seminţe de susan alb şi negru, seminţe de in)

INSTRUCŢIUNI:
a) Preîncălziţi cuptorul la 350°F (180°C). Tapetaţi o foaie de copt cu hârtie de copt.
b) Într-un castron mediu, amestecaţi făina universală şi bicarbonatul de sodiu. Pune acest amestec deoparte.
c) Într-un alt castron mediu, folosind un mixer electric setat la viteză medie, bateţi untul nesărat la temperatura camerei, zahărul brun, oul şi vanilia până când amestecul este bine omogenizat.
d) Reduceţi viteza mixerului la mică şi adăugaţi treptat amestecul de făină la ingredientele umede. Continuaţi să amestecaţi până când totul este bine combinat.
e) Amestecaţi seminţele amestecate (seminţe de susan alb şi negru, seminţe de in) în aluatul de fursecuri, asigurându-vă că sunt distribuite uniform.
f) Puneţi aluatul de fursecuri cu linguriţe (la o distanţă de aproximativ 2 inci) pe foaia de copt pregătită.
g) Coaceţi fursecurile în cuptorul preîncălzit timp de 10 până la 14 minute sau până când devin maro auriu.
h) Lăsaţi fursecurile să se răcească pe tava de copt timp de aproximativ 5 minute înainte de a le transfera pe un grătar pentru a se răci complet.

83. Napolitane cu biscuiți cu condimente din Moravia

INGREDIENTE:
- 1 ⅔ cani de faina universala
- ½ linguriță sare fină
- ½ linguriță de praf de copt
- ¼ lingurita de bicarbonat de sodiu
- 1 lingurita scortisoara macinata
- ¾ linguriță de ghimbir măcinat
- ¼ linguriță cuișoare măcinate
- ½ până la ¾ linguriță de piper alb măcinat fin
- ½ linguriță pudră de muștar uscat
- 6 linguri de unt nesarat, la temperatura camerei
- ¾ cană zahăr
- ¼ cană melasă
- 1 galbenus de ou mare

INSTRUCȚIUNI:
a) Preîncălziți cuptorul la 325 grade F (163 grade C).
b) Într-un castron mediu, amestecați făina universală, sarea fină, praful de copt, bicarbonatul de sodiu, scorțișoara măcinată, ghimbirul măcinat, cuișoarele măcinate, piper alb măcinat fin și pudra de muștar uscat.
c) Într-un castron mare, bateți untul nesărat și zahărul împreună folosind un mixer electric la viteză medie-mare, până când amestecul este doar combinat și ușor pufos.
d) Se bate melasa si galbenusul de ou pana se incorporeaza bine.
e) Adăugați treptat ingredientele uscate la amestecul umed și amestecați la viteză mică până când aluatul este combinat și încă sfărâmicios, ceea ce ar trebui să dureze aproximativ 3 minute. Folosește o spatulă pentru a da aluat câteva ture pentru a-l aduna.
f) Întindeți o foaie de hârtie ceară pe o suprafață de lucru curată, apoi puneți deasupra aproximativ o treime din aluat. Apăsați-l ușor și acoperiți-l cu o altă foaie de hârtie ceară.
g) Folosind mâinile sau un sucitor, lipiți ușor aluatul într-un dreptunghi. Întindeți-l până când aluatul este cât mai subțire posibil, fără a se rupe, asigurându-vă că nu este mai gros de 1/16 inch grosime. Acest lucru este crucial pentru aceste cookie-uri; ar trebui să fie incredibil de subțiri.
h) Dezlipiți cu grijă stratul superior de hârtie cerată, apoi puneți-l la loc.
i) Transferați aluatul întins pe o foaie de copt plată și înghețați-l până devine ferm și poate fi îndepărtat cu ușurință de pe hârtia cerată, ceea ce

ar trebui să dureze aproximativ 30 de minute. Repetați acest proces cu aluatul rămas.

j) Tăiați aluatul folosind o tăietură rotundă canelată pentru prăjituri (2 până la 3 inchi) și puneți fursecurile tăiate la congelator timp de 15 minute pentru a se întări.

k) Transferați fursecurile congelate pe o tavă de copt tapetată cu hârtie de copt și coaceți-le în cuptorul preîncălzit până devin crocante și ușor, colorate uniform (dar nu maro), ceea ce ar trebui să dureze aproximativ 10 minute.

84. Tuiles de migdale

Produce: Aproximativ 1 porție

INGREDIENTE:
- 5 linguri de unt nesarat
- 2 albusuri mari
- Vârf de cuțit de sare
- ¾ cană + 1 lingură zahăr pudră
- ¼ linguriță extract de migdale
- ⅓ cană + 2 linguri făină albă universală sau nealbită
- ½ cană de migdale feliate nealbite

INSTRUCȚIUNI:
a) Preîncălziți cuptorul la 350°F (175°C). Ungeți generos mai multe foi de copt.
b) Pregătiți câteva sucitoare, sticle de vin sau cilindri de dimensiuni similare pentru modelarea napolitanelor și ungeți-le ușor.
c) Într-o cratiță mică, încălziți untul nesarat la foc mic. Se ia de pe foc si se lasa sa se topeasca si sa se raceasca putin.
d) Într-un castron mare, amestecați albușurile spumă și un praf de sare până devine spumos.
e) Cerneți treptat zahărul pudră, amestecând continuu până când amestecul este omogen și bine amestecat.
f) Adăugați extractul de migdale și amestecați până se încorporează complet.
g) Cerneți treptat făina universală în amestec, continuând să bateți până când aluatul devine foarte neted și ușor îngroșat.
h) Bateți untul răcit și topit până când aluatul este bine combinat.
i) Puneți 4 până la 5 lingurițe mici, rotunjite de aluat pe o tavă de copt unsă, asigurându-vă că sunt distanțate la cel puțin 3 ¼ inci una de alta. Porțiile trebuie să fie mici, deoarece se vor întinde în timpul coacerii.
j) Folosind vârful unui cuțit de masă, învârtiți fiecare lingură de aluat într-o mișcare circulară pentru a o întinde într-o formă rotundă de 1 ¾ inch.
k) Presărați generos migdale feliate peste fiecare rundă.
l) Așezați foaia de copt pe grătarul de sus al cuptorului preîncălzit și coaceți timp de 5 până la 7 minute, sau până când napolitanele au o margine maro de ½ inch.

m) La jumătatea timpului de coacere, întoarceți foaia de copt din față în spate pentru a asigura o rumenire uniformă.

n) Scoateți foaia de copt din cuptor și lăsați-o să stea aproximativ 20 de secunde. Testați cu atenție marginile napolitanelor cu o spatulă și, de îndată ce sunt suficient de ferme pentru a se ridica fără a se rupe, slăbiți rapid fiecare napolitană de pe foaie folosind o spatulă cu margini subțiri și lame late.

o) Puneți imediat napolitanele peste sucitoare sau cilindri pentru a le da forma lor curbată.

p) Dacă ultimele napolitane de pe foaia de copt se răcesc prea mult în timp ce altele sunt îndepărtate, întoarceți foaia de copt la cuptor pentru 1 sau 2 minute pentru a le încălzi. Cu toate acestea, ele pot fi încă greu de îndepărtat.

q) Odată ce tuilele sunt rigide, transferați-le de pe sucitori pe gratele de sârmă pentru a se răci complet.

r) Înainte de reutilizare, asigurați-vă că foile de copt sunt reci, curate și bine unse. Repetați procesul cu aluatul rămas.

s) Păstrați tuilele într-un recipient etanș timp de până la o săptămână sau congelați-le pentru o depozitare mai lungă. Asigurați-vă că manipulați cu grijă napolitanele, deoarece sunt foarte fragile.

t) Savurați tuilele dvs. delicate și crocante de migdale!

85.Tuiles fără ouă

INGREDIENTE:
- ½ ceasca tartina fara lactate sau margarina
- ½ cană de zahăr tos
- 2 linguri aquafaba (lichid din conserva de naut)
- 1 ½ linguriță esență de vanilie
- Vârf de cuțit de sare
- ¾ cană făină simplă

INSTRUCȚIUNI:
PREGĂTIȚI ȘABLELE ȘI PREINCELZIȚI CUPTORUL:
a) Mai întâi, decupați două șabloane de carton cu un diametru de 10-20 cm fiecare.
b) Tapetați o foaie de biscuiți cu hârtie de copt și ungeți-o ușor sau folosiți un covor de copt antiaderent.
c) Preîncălziți cuptorul la 190 de grade Celsius (375 de grade Fahrenheit).

FACEȚI ALUATUL:
d) Într-un castron, amestecați amestecul fără lactate și zahărul tos până când amestecul devine ușor și pufos.
e) Se bate cu aquafaba și esența de vanilie. Dacă amestecul începe să se despartă, adăugați rapid 1 lingură de făină pentru a ajuta la stabilizarea acestuia.
f) Adăugați treptat restul de făină simplă și un praf de sare până obțineți un aluat omogen, catifelat.

FORMAȚI ȘI COACEȚI:
g) Așezați unul dintre șabloanele de carton pe foaia de copt pregătită.
h) Întindeți un strat subțire și uniform de aluat în interiorul șablonului, urmând cât mai bine forma șablonului.
i) Scoateți cu grijă șablonul din aluat, lăsând tuila în formă pe tava de copt.
j) Repetați procesul cu al doilea șablon, lăsând suficient spațiu între tuile.
k) Coaceți tuilele în cuptorul preîncălzit timp de 8-10 minute sau până încep să prindă o culoare aurie deschisă.
l) Scoateți foaia de copt din cuptor și așteptați câteva secunde.
m) Folosind un cuțit de paletă, ridicați ușor fiecare tuila de pe foaia de copt.
n) Modelați imediat fiecare tuila în forma preferată. Se vor răci și vor menține forma în câteva secunde.

o) Păstrați tuilele fără ouă într-un recipient sigilat până când sunteți gata să le folosiți.
PENTRU A FACE UN TUILE CLASIC:
p) Odată scos de pe foaia de copt, puneți imediat prăjitura peste un sucitor. Ar trebui să formeze aspectul corect al plăcilor curbate.
PENTRU A FACE UN COȘ:
q) Odată scos de pe foaia de copt, apăsați în jurul bazei unui pahar pentru a forma o formă de coș.
PENTRU A FACE UN PIE:
r) După ce te-ai asigurat că tuila nu mai este atașată de foaia de copt cu un cuțit, rulează-l ușor în jurul mânerului unei linguri de lemn.
s) Bucurați-vă de tuilele dvs. de casă fără ouă, ca un răsfăț încântător și versatil!

86. Tuiles de cafea dantelate

INGREDIENTE:
- ½ cană unt nesărat, topit
- ½ cană zahăr granulat
- ¼ cană cafea tare preparată, răcită
- ¼ cană făină universală
- ¼ lingurita extract de vanilie
- Putina sare

INSTRUCȚIUNI:

a) Într-un castron, combinați untul nesărat topit și zahărul granulat. Se amestecă până se încorporează bine.

b) Se amestecă cafeaua tare preparată și extractul de vanilie. Se amestecă până la omogenizare.

c) Adăugați treptat făina universală și un praf de sare la amestec, amestecând până când obțineți un aluat omogen. Aluatul trebuie să fie subțire și turnabil.

d) Preîncălziți cuptorul la 350°F (175°C).

e) Tapetați o foaie de copt cu hârtie de copt.

f) Puneți lingurițe mici din aluat pe foaia de copt pregătită, lăsând suficient spațiu între fiecare lingură, deoarece tuilele se vor întinde în timpul coacerii.

g) Folosiți partea din spate a lingurii pentru a întinde fiecare lingură de aluat într-o formă subțire, circulară. Țintește-te pentru o grosime de aproximativ 1/16 până la ⅛ inch.

h) Puteți face tuile rotunde tradiționale sau puteți experimenta diferite forme dacă doriți.

i) Puneti tava in cuptorul preincalzit si coaceti aproximativ 6-8 minute sau pana cand tuilele devin maro deschis la margini. Urmăriți-le îndeaproape, deoarece se pot arde rapid.

j) Imediat ce scoateți tuilele din cuptor, acestea vor fi flexibile. Le poți modela cât timp sunt încă calde.

k) Pentru a face forme tradiționale de tuile, ridicați ușor fiecare tuile cu o spatulă și plasați-o peste un sucitor sau marginea unui pahar pentru a crea o formă curbată. Alternativ, le puteți lăsa plate dacă preferați.

l) Lăsați tuilele în formă să se răcească și să se întărească.

m) Odată ce tuilele s-au răcit și au devenit crocante, sunt gata de servit.

n) Servește-ți tuilele de cafea dantelate ca acompaniament încântător pentru cafea sau ceai, sau ca garnitură pentru deserturi precum înghețată sau budinci.

87. Miere Tuiles

INGREDIENTE:
- 2 linguri de unt, temperatura camerei
- ⅓ cană de zahăr cofetar
- 1/5 cană miere
- ⅓ cană făină
- ⅛ linguriță sare
- 1 lingurita scortisoara proaspat macinata

INSTRUCȚIUNI:
a) Preîncălziți cuptorul la 430°F (220°C).
b) Ungeți o tavă de copt cu unt și puneți-o la frigider.
c) Tăiați un cerc cu un diametru de 2 inchi (5 cm) din carton și așezați exteriorul cercului pe placa de copt.
d) Se cântăresc toate ingredientele.

FACEREA TILELOR DE MIERE:
e) Într-un castron, amestecați zahărul pudră cu untul și amestecați timp de trei minute.
f) Adăugați mierea și amestecați încă un minut.
g) Se amestecă făina, sarea și scorțișoara și se pune aluatul la frigider pentru 15 minute.
h) Aplicați o linguriță de aluat în cercul de pe placa de copt și întindeți-l cu o spatulă turtită.
i) Repetați realizarea tuilelor până când placa de copt este plină.
j) Dam fursecurile la cuptor pentru 3 minute sau pana cand tuilele devin maro auriu.
k) Lăsați fursecurile să se răcească pentru un minut, apoi slăbiți-le cu o spatulă. Dacă vrei să fie netede, poți lăsa prăjiturile din dantelă să se răcească pe un grătar.
l) Pentru a crea forme de jumătate de lună, îndoiți-le în jurul unui sucitor și, odată ce s-au răcit ușor, scoateți-le din sucitor și așezați-le pe un grătar.
m) Pentru o formă de rulou, înfășurați tuilele în spatele unei spatule de lemn. Lasati-le sa se raceasca si apoi scoateti-le din spatula si asezati-le pe un gratar pentru a se intari si mai mult.
n) Bucurați-vă de tuilele cu miere și prăjiturile aerisite și crocante, care sunt perfecte pentru a le savura cu ceai sau ca un plus delicios la desertul cu înghețată!

88. Tuile Rolls

INGREDIENTE:
- ½ cană de făină universală
- ½ cană zahăr cofetar (cernut)
- 2 albușuri
- 4 linguri de unt (topit si racit)
- ½ linguriță extract pur de vanilie
- ½ linguriță pudră de cacao (opțional)

INSTRUCȚIUNI:
a) Preîncălziți cuptorul la 350 de grade F (175 de grade C).
b) Tapetați 2 tavi cu foi de silicon sau hârtie de pergament.
c) Într-un bol, combinați făina și zahărul de cofetă. Se amestecă până se combină bine.
d) Adaugati incet albusurile, vanilia si untul topit si racit. Amestecați cu un tel până când aluatul este omogen.
e) Aluatul trebuie să aibă o consistență groasă, asemănătoare cu aluatul pentru clătite.
f) Într-un castron mai mic, puneți pudra de cacao. Adăugați aproximativ 2-3 linguri de aluat alb și amestecați până se omogenizează.
g) Puneți aluatul de ciocolată într-o pungă prevăzută cu un vârf rotund mic și lăsați-l deoparte.
h) Pune 1 ½ linguriță de movile separate de aluat alb pe tava. Ar trebui să puteți potrivi 4 sau 5 movile pe fiecare tigaie.
i) Folosiți o spatulă mică sau degetul arătător pentru a întinde aluatul subțire într-o mișcare circulară pe fiecare movilă.
j) Puneți aluatul de ciocolată peste aluatul alb, creând orice design care vă place, cum ar fi dungi, zig-zaguri sau linii ondulate.
k) Coaceți 5-9 minute, în funcție de cuptorul dvs. și de grosimea cercurilor pe care le faceți. Marginile exterioare ale tuilelor ar trebui să înceapă să devină maro.
l) Scoateți rapid tuilele din cuptor și răsturnați-le.
m) Folosind mânerul unei linguri de lemn, rulați fiecare tuila într-o formă de trabuc, apoi glisați trabucul de pe lingură.
n) Continuați să rulați și să modelați celelalte tuile. Se vor întări pe măsură ce se răcesc.
o) Lasam tuilele sa se raceasca complet pe o tava de biscuiti.
p) Servește aceste rulouri crocante de tuile cu înghețata ta preferată.

q) Păstrați rulourile de tuile într-un recipient ermetic la temperatura camerei.

89. Tuiles din scoarță de mesteacăn

Produce: 2 duzini

INGREDIENTE:
- 2 albusuri mari
- ½ cană zahăr
- ½ cană făină universală nealbită
- ¼ linguriță sare kosher
- 2 ½ linguri de unt nesarat, topit si racit
- 4 ½ lingurițe smântână groasă
- ¼ de linguriță extract pur de vanilie
- 1 lingură pudră de cacao din proces olandez

INSTRUCȚIUNI:
a) Tapetați foile de copt cu covorașe antiaderente din silicon (hârtia de copt nu funcționează la fel de bine). Preîncălziți cuptorul la 325 de grade Fahrenheit (165 de grade Celsius).

b) Într-un castron, bate albușurile spumă cu zahărul la viteză medie până devine spumoasă.

c) Adăugați făina și sarea în amestecul de albușuri și bateți pentru a se combina.

d) Adăugați la amestec untul topit și răcit, smântâna groasă și extractul pur de vanilie. Bateți pentru a se combina bine.

e) Transferați ½ cană de aluat într-un castron mic și amestecați pudra de cacao olandeză. Transferați acest amestec de cacao într-o pungă prevăzută cu un vârf rotund mic sau puteți folosi o pensulă.

f) Țevi puncte și liniuțe mici, imitând coaja de mesteacăn, puțin pe suprafața covorașului de copt din silicon. Înghețați covorașul cu marcajele timp de aproximativ 15 minute.

g) Puneți un șablon peste marcajele „mesteacăn" și puneți aproximativ 1 ½ linguriță de aluat în șablon. Întindeți-l uniform cu o spatulă mică offset; va fi foarte subțire. Unele dintre marcaje se pot păta, ceea ce este în regulă, deoarece le face să pară mai realiste. Repetați acest proces pentru a umple foaia de copt (aproximativ 6 pe foaie).

h) Scoateți șablonul și coaceți până când se întărește și abia devine auriu pe câteva margini, ceea ce ar trebui să dureze 8 până la 9 minute.

i) Lăsați fursecurile să se răcească timp de 30 de secunde. Lucrând cu câte un fursec pe rând, slăbiți marginile cu o spatulă și scoateți-l din tavă. Rulați fursecul într-un cilindru și puneți-l cu cusătura în jos pe o tavă sau blat. Se lasa sa se raceasca complet. Dacă fursecurile încep să devină casante înainte de a le rula, le puteți întoarce la cuptor pentru câteva secunde pentru a se încălzi.

j) Curățați covorașele de copt și șablonul între loturi și repetați procesul cu aluatul rămas.

k) Aceste fursecuri se pot pastra intr-un recipient ermetic, cu hartie de copt intre fiecare strat, la temperatura camerei pana la 3 zile.

90. Anason Tuiles

Face: 30 de porții

INGREDIENTE:
- 3 albușuri mari
- ¾ cană de zahăr cofetar
- ½ cană de făină universală
- 6 linguri Unt nesărat (fără înlocuiri), topit
- ¾ linguriță Extract de anason
- ¼ lingurita Sare

INSTRUCȚIUNI:
a) Preîncălziți cuptorul la 350°F (175°C). Ungeți o tavă mare de copt și lăsați-o deoparte.
b) Într-un castron mare, combinați albușurile, zahărul de cofetă și făina. Bateți aceste ingrediente până când obțineți un amestec omogen și bine amestecat.
c) Adăugați în bol untul nesărat topit, extractul de anason și sarea. Amestecă aceste ingrediente în aluat până se combină bine.
d) Folosind o linguriță plină de aluat, aruncați porții pe foaia de copt pregătită. Asigurați-vă că lăsați spațiu suficient între fiecare porție, permițând spațiu pentru răspândire în timpul coacerii. Ar trebui să încercați să faceți nu mai mult de patru fursecuri pe foaie deodată.
e) Cu o spatulă mică, întindeți ușor fiecare porție într-o formă rotundă de 3 inci. Fii rapid în acest pas, deoarece fursecurile trebuie să fie modelate înainte să se întărească după coacere.
f) Coaceți fursecurile în cuptorul preîncălzit timp de 5 până la 7 minute sau până când marginile capătă o culoare aurie frumoasă.
g) Folosind un turnător de clătite, transferați imediat o prăjitură pe un grătar. În timp ce prăjitura este încă caldă, modelați-i cu grijă marginile într-o formă elegantă de fluier folosind mâinile proaspăt curățate.
h) Repetați procesul de modelare cu fursecurile rămase pe foaia de copt, lucrând cât mai repede posibil. Dacă fursecurile devin prea tari pentru a putea forma, puneți scurt tava de copt în cuptor pentru a le înmoaie ușor.
i) Continuați să coaceți și să modelați aluatul rămas, asigurându-vă că fursecurile își păstrează forma delicată.
j) Odată ce Anise Tuiles s-au răcit, depozitați-le într-un recipient ermetic, unde vor rămâne proaspete și încântătoare până la două săptămâni.

91.Tuiles de căpșuni

Face: 20 de porții

Ingrediente:
- 100 de grame de migdale măcinate
- 25 de grame de făină simplă
- 70 de grame de zahăr tos
- 15 grame căpșuni uscate zdrobite
- 25 grame unt, topit și răcit
- 1 albus mare de ou, batut usor

Instrucțiuni:
a) Într-un bol de amestecare, combinați migdalele măcinate, făina simplă, zahărul tos și căpșunile uscate zdrobite. Amestecați-le până se amestecă bine.

b) Adăugați la ingredientele uscate untul topit și răcit împreună cu albușul de ou spălat ușor. Amestecați până când amestecul formează un aluat neted și lipit.

c) Acoperiți aluatul și dați-l la frigider pentru 30 de minute. Acest pas de răcire ajută aluatul să se întărească și să devină mai ușor de lucrat.

d) Preîncălziți cuptorul la 160°C (325°F) sau marcajul de gaz 3. Ungeți trei foi de copt și lăsați-le deoparte.

e) Luați aluatul răcit și întindeți 20 de porții pe foile de copt pregătite. Fiecare porțiune trebuie aplatizată într-un cerc, de aproximativ 3 inci în diametru și aproximativ 1/16 inch grosime. Asigurați-vă că există suficient spațiu între fiecare tuila, deoarece acestea se vor răspândi în timpul coacerii.

f) Coaceți tuilele în cuptorul preîncălzit pentru aproximativ 8 minute sau până când capătă o culoare aurie frumoasă. Urmărește-le îndeaproape, deoarece pot trece rapid de la perfect aurii la exagerat.

g) Cât timp tuilele sunt încă fierbinți, folosiți cu grijă un cuțit pentru a le scoate pe fiecare din foile de copt. Imediat, apăsați ușor fiecare tuila peste un sucitor pentru a crea o formă delicată de bucle. Fiți atenți, deoarece tuilele vor fi fragile când sunt fierbinți.

h) Lăsați tuilele de căpșuni să se răcească și să se întărească în formele lor ondulate. După ce s-au răcit complet și s-au întărit, scoateți-le cu grijă din sucitor.

i) Păstrați-vă Strawberry Tuiles într-un recipient ermetic pentru a le menține crocante și aroma.

92.Napolitane cu migdale ghimbir

Face: Aproximativ 1 porție

INGREDIENTE:
- 1½ cani de zahar pudra
- 1¼ cani de faina universala
- ½ cană unt nesărat răcit, tăiat cubulețe (1 baton)
- 1 lingură ghimbir proaspăt decojit tocat
- 1 lingura ghimbir macinat
- ½ lingurita scortisoara macinata
- ½ lingurita Sare
- ¾ cană migdale întregi, prăjite
- 3 linguri Frisca pentru frisca
- 3 linguri Ghimbir cristalizat tocat
- Zahăr pudră (pentru scufundare)

INSTRUCȚIUNI:
a) Preîncălziți cuptorul la 325°F (160°C). Tapetați 2 foi groase de copt cu hârtie de copt.
b) Într-un robot de bucătărie, combinați zahărul pudră, făina universală, untul nesărat tăiat cubulețe răcit, ghimbirul proaspăt tocat, ghimbirul măcinat, scorțișoara măcinată și sarea. Amestecați folosind ture pornit/oprit până când amestecul seamănă cu o masă grosieră.
c) Adăugați migdalele întregi prăjite, frișca și ghimbirul cristalizat tocat în procesor. Procesați doar până când se formează bulgări umede în aluat.
d) Modelați aluatul în bile cu diametrul de 1¼ inch și puneți-le pe foile de copt pregătite.
e) Umeziți fundul unui pahar și înmuiați-l în zahăr pudră. Folosiți paharul pentru a apăsa fiecare minge de aluat la o grosime de aproximativ ¼ inch.
f) Coaceți fursecurile în cuptorul preîncălzit până se rumenesc pe fund și pe margini, ceea ce ar trebui să dureze aproximativ 28 de minute.
g) Transferați fursecurile pe un gratar pentru a se răci.
h) Păstrați napolitanele de migdale cu ghimbir într-un recipient ermetic la temperatura camerei.
i) Bucurați-vă de napolitanele de migdale cu ghimbir de casă cu combinația lor încântătoare de arome de ghimbir și migdale!

93.Napolitane cu unt de arahide

Produce: aproximativ 24 de napolitane

INGREDIENTE:
- 4 căni de făină de grâu
- ½ cană făină de porumb
- 1 ou mediu
- 1¼ cana nuci tocate
- 1 lingurita de vanilie
- 1 ½ cană apă (până la 1)
- 3 cesti chipsuri de roscove neindulcite
- 4 linguri ulei vegetal
- Sos de scufundare:
- Chips de roscove neindulci
- Ulei vegetal
- Nucă de cocos tocată sau alune mărunțite pentru ornat

INSTRUCȚIUNI:
a) Preîncălziți cuptorul la 375 de grade Fahrenheit (190 de grade Celsius).
b) Într-un castron mare, combinați făina de grâu, mălaiul, oul, nucile tocate și vanilia.
c) Adauga treptat apa si framanta amestecul cu mana pana formeaza un aluat. Este posibil să nu aveți nevoie de 1 ½ cană de apă; adăugați suficient pentru a obține consistența corectă a aluatului.
d) Rulați aluatul în chifteluțe groase de ¾ inch. Puteți fie să tăiați napolitane cu un tăietor rotund mic, fie să formați bile mici și să le aplatizați cu mâna.
e) Puneți napolitanele pe o foaie de copt pulverizată cu spray de gătit antiaderent. Coaceți aproximativ 45 până la 50 de minute sau până se rumenesc.
f) Într-un cazan dublu, topiți chipsurile de roșcove neîndulcite și uleiul vegetal împreună până la omogenizare.
g) După coacere, scufundați napolitanele în amestecul de roșcove topit. Le puteți orna cu nucă de cocos tocată sau alune mărunțite dacă doriți.
h) Puneți napolitanele scufundate pe un gratar pentru a se răci. După ce s-au răcit complet, depozitați-le într-un recipient sigilat.
i) Aceste napolitane cu unt de arahide sunt un deliciu gustos și pot fi, de asemenea, o gustare specială pentru prietenii tăi blăniți atunci când sunt scufundate în lapte degresat. Bucurați-vă!

94. Napolitane cu fistic

Face: Aproximativ 1 porție

INGREDIENTE:
- 3 albusuri
- Vârf de cuțit de sare
- ⅓ cană zahăr tos
- 1 cană făină simplă
- 150 grame fistic, decojite
- 1 lingurita floare de portocal sau apa de trandafiri

INSTRUCȚIUNI:
a) Intr-un castron, batem albusurile spuma cu un praf de sare pana formeaza varfuri tari.
b) Adăugați treptat zahărul tos la albușurile spumă, continuând să bateți până când amestecul devine strălucitor.
c) Adăugați ușor făina simplă, nucile de fistic și apa de flori de portocal sau de trandafiri în amestecul de albușuri.
d) Unge și făină o tavă de pâine.
e) Turnați amestecul în tava pregătită și coaceți într-un cuptor preîncălzit la 180°C (350°F) timp de 35 până la 40 de minute sau până când napolitanele sunt întărite și ușor rumenite.
f) Odată copt, scoateți din cuptor, întoarceți napolitanele și lăsați-le să se răcească. După ce s-au răcit, înfășurați-le în folie și dați-le la frigider peste noapte.
g) A doua zi, feliați napolitanele mărunt și puneți feliile pe o tavă de copt. Lăsați-le să se usuce într-un cuptor rece până devin crocante.
h) Păstrați napolitanele de fistic într-un recipient ermetic.
i) Bucurați-vă de napolitanele cu fistic!

95. Napolitane de nuc

Face: 3 portii

INGREDIENTE:
- ½ cană de făină
- 2 căni de zahăr brun
- ½ linguriță de praf de copt
- 1 ou
- ½ lingurita de vanilie
- 1 cana nuci negre, tocate marunt
- Vârf de cuțit de sare

INSTRUCȚIUNI:
a) Preîncălziți cuptorul la 350°F (175°C).
b) Într-un castron, combinați făina, zahărul brun, praful de copt și un praf de sare.
c) Adăugați oul la ingredientele uscate și bateți-le până se omogenizează bine.
d) Se adauga extractul de vanilie si nucile negre tocate marunt in amestec.
e) Se amestecă ușor până când ingredientele sunt bine încorporate.
f) Puneți linguri de aluat pe o foaie de biscuiți unsă, asigurându-vă că le așezați la aproximativ 2 inci unul de celălalt pentru a permite răspândirea în timpul coacerii.
g) Coaceți napolitanele de nucă în cuptorul preîncălzit pentru aproximativ 8 minute, sau până când devin maro auriu.
h) Scoateți napolitanele din cuptor și lăsați-le să se răcească.
i) Aceste napolitane cu nucă sunt acum gata de savurat!

96. Napolitane cu rom de migdale

Face: 4 portii

INGREDIENTE:
- 1 baton de unt, inmuiat
- ½ cană de zahăr
- Coaja rasă a 1 lămâie
- 1 lingura de rom negru
- 2 albusuri
- 1 cană de migdale măcinate
- 6 linguri de faina

INSTRUCȚIUNI:
a) Începeți prin a preîncălzi cuptorul la 350 de grade Fahrenheit.
b) Într-un castron, cremă untul înmuiat până devine omogen și cremos.
c) Adăugați treptat zahărul în unt, amestecând continuu până când amestecul devine mai deschis la culoare și devine pufos.
d) Se amestecă coaja de lămâie rasă și romul închis până se omogenizează bine.
e) Adaugati albusurile pe rand, batand amestecul pana devine omogen dupa fiecare adaugare.
f) Într-un castron separat, combinați migdalele măcinate și făina.
g) Îndoiți ușor amestecul de migdale și făină în aluat, cu mâna, până se încorporează complet.
h) Tapetați tavile de copt cu hârtie de copt.
i) Transferați aluatul într-o pungă prevăzută cu un tub simplu de ½ inch.
j) Puneți aluatul pe tăvile tapetate cu hârtie de pergament, în movile de 1 inch, lăsând puțin spațiu între fiecare movilă.
k) Coaceți fursecurile în cuptorul preîncălzit pentru aproximativ 12 până la 15 minute sau până când devin maro auriu și se întăresc.
l) Scoateți fursecurile din cuptor și lăsați-le să se răcească direct pe hârtie de copt.
m) Bucurați-vă de delicioasele voastre napolitane de migdale de casă!

97.Napolitane cu vafe de ciocolată

Face: 12 portii

INGREDIENTE:
- ½ cană zahăr granulat
- Coaja unei portocale (optional)
- 3 ouă mari, bătute
- ½ cană apă rece
- ½ cană (1 baton) unt nesărat, topit și adus înapoi la temperatura camerei
- ½ linguriță extract de vanilie
- ¾ cană făină universală cernută
- ¼ cană pudră de cacao procesată olandeză

INSTRUCȚIUNI:
a) Începeți prin a încălzi mini aparatul de vafe în timp ce pregătiți ingredientele.
b) Opțional, într-un castron mic, amestecați coaja de portocală în zahăr granulat folosind degetele pentru a elibera aroma.
c) În vasul unui mixer cu stand (sau într-un castron cu mixer manual), bateți ouăle și zahărul până când amestecul devine ușor și pufos.
d) Adăugați apa rece, untul topit răcit și extractul de vanilie la amestecul de ou-zahăr.
e) Într-un castron separat, amestecați făina universală cernută și pudra de cacao olandeză, asigurându-vă că nu există cocoloașe.
f) Adăugați treptat amestecul uscat la amestecul umed din mixerul cu suport, amestecând la mic până când aluatul devine omogen și culoarea ciocolatei este uniformă pe tot parcursul.
g) Turnați aproximativ 1 lingură de aluat pentru fiecare prăjitură pe aparatul de conuri de vafe încălzit și uns, apoi închideți partea de sus.
h) Gătiți conform instrucțiunilor producătorului, ceea ce durează de obicei aproximativ 30-60 de secunde.
i) Ridicați cu grijă napolitanele cu o furculiță sau o spatulă de silicon și transferați-le pe un grătar pentru a se răci.
j) Păstrați aceste napolitane de ciocolată într-o cutie, lăsându-le să nu fie complet etanșe pentru a permite o anumită expunere la aer, deoarece au nevoie de ea pentru a-și menține crocante.

98. Jurnal de napolitană de ciocolată

Produce: Aproximativ 6
INGREDIENTE:
napolitane:
- 1 cană de făină universală
- ½ cană pudră de cacao neîndulcită
- ¾ cană zahăr granulat
- ¼ lingurita sare
- ½ cană unt nesărat, înmuiat
- 1 ½ linguriță extract de vanilie
- 2 linguri lapte integral

UMPLERE:
- 1 litru de smantana pentru frisca
- 2-3 linguri Bailey's Irish Cream

GARNITURĂ:
- ⅓ ceasca de migdale feliate
- Ciocolată pentru bărbierit

INSTRUCȚIUNI:
napolitane:

a) Într-un bol de amestecare de mărime medie, cerne împreună făina universală și pudra de cacao neîndulcită.

b) Adăugați zahărul granulat și sarea la ingredientele uscate cernute. Amestecați-le până se omogenizează bine.

c) Adăugați untul nesărat înmuiat și extractul de vanilie la amestecul uscat. Folosiți un mixer manual sau un mixer pe suport pentru a amesteca ingredientele până când amestecul seamănă cu firimituri fine.

d) Adăugați treptat laptele întreg în amestec, continuând să amestecați. Se amestecă până când aluatul capătă o consistență netedă, groasă și ușor lipicioasă.

e) Împărțiți aluatul în două părți egale. Modelați fiecare porțiune într-o formă de buștean, de aproximativ 1 ½ inch în diametru.

f) Înfășurați fiecare buștean de aluat în folie de plastic sau hârtie de pergament și lăsați-l la frigider pentru cel puțin 1 oră sau până când aluatul devine ferm.

g) Preîncălziți cuptorul la 350 ° F (175 ° C) și tapetați o tavă de copt cu hârtie de copt.

h) Tăiați buștenii de aluat răciți în rondele subțiri, de aproximativ ⅛ până la ¼ inch grosime. Asezati rondelele pe foaia de copt pregatita, lasand putin spatiu intre fiecare.

i) Coacem in cuptorul preincalzit pentru aproximativ 10-12 minute sau pana cand fursecurile sunt tari la atingere.

j) Scoateți fursecurile din cuptor și lăsați-le să se răcească pe un grătar. Vor deveni crocante pe măsură ce se răcesc.

UMPLERE:

k) Într-un mixer, combinați smântâna pentru frișcă și Bailey's Irish Cream. Bateți până când amestecul devine tare.

l) Întindeți o cantitate mică de frișcă pe o farfurie de servire pentru a crea o bază care să țină napolitanele.

m) Luați o napolitană și întindeți un strat de frișcă pe o parte. Mai puneți o napolitană deasupra cremei, apoi adăugați un alt strat de cremă. Continuați acest proces, stivuind napolitanele și adăugând smântână între ele pana când toate napolitanele sunt folosite.

n) Așezați teancul de napolitane pe o parte pe farfuria de servire.

o) Acoperiți întregul teanc de napolitane cu frișca rămasă, asigurându-vă că este complet acoperită.

p) Acoperiți ușor bustenul cu folie de plastic și puneți-l la frigider peste noapte.

q) Scoateți bustenul din frigider și presărați deasupra migdale feliate și ciocolată rasă.

r) Tăiați bușteanul în diagonală pentru a expune straturile de napolitane și smântână.

99. Napolitane cu ciocolata menta cu stropi

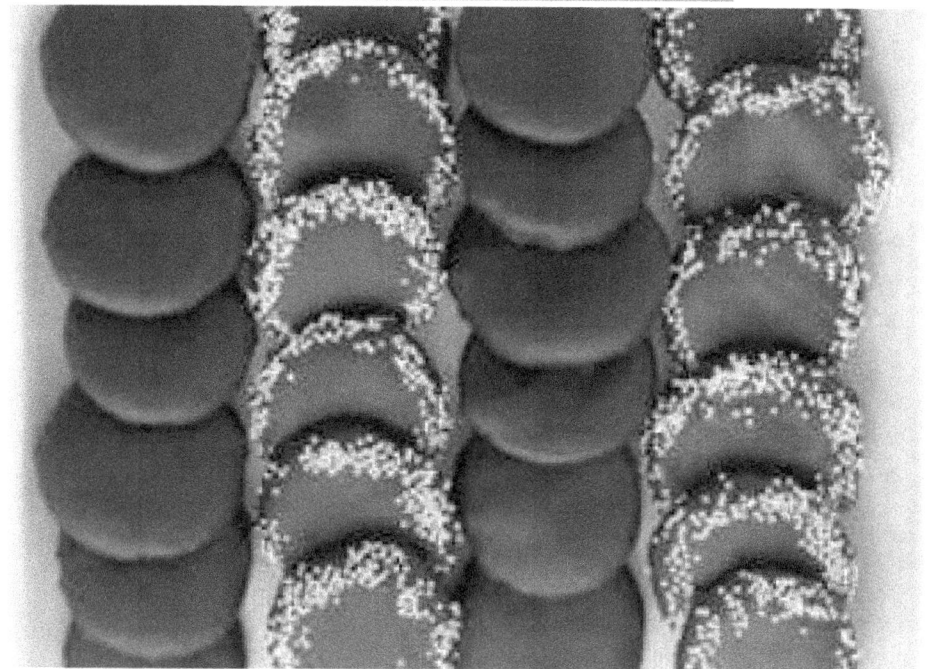

Produce: 44 de napolitane

INGREDIENTE:
- 1 cană de făină universală
- ½ cană pudră de cacao neîndulcită
- ¼ linguriță de praf de copt
- ¼ de linguriță de sare, plus o ⅛ de linguriță în plus
- 6 linguri (¾ de bat) unt nesarat, la temperatura camerei
- ½ cană zahăr
- 1 ou mare
- ½ linguriță extract pur de vanilie
- 12 uncii de ciocolată demidulce sau amăruie, tocată
- ¼ de linguriță extract pur de mentă
- Stropi (opțional, pentru decorare)

INSTRUCȚIUNI:

a) Preîncălziți cuptorul la 350 de grade.

b) Într-un castron de mărime medie, amestecați făina universală, pudra de cacao, praful de copt și ¼ de linguriță de sare. Puneți acest amestec uscat deoparte pentru utilizare ulterioară.

c) Folosind un mixer electric, bateți untul nesarat și zahărul până când amestecul devine ușor și pufos. Apoi, bateți oul și extractul pur de vanilie.

d) Cu mixerul funcționând la minim, adăugați treptat amestecul de făină uscată la ingredientele umede. Se amestecă doar până când ingredientele sunt combinate.

e) Formați bile mici de aluat, fiecare echivalent cu 1 linguriță și așezați-le pe două foi de copt, lăsând aproximativ 2 inci spațiu între fiecare.

f) Înmuiați fundul unui pahar în apă și apăsați ușor bilele de aluat pentru a le aplatiza în rondele, fiecare cu aproximativ 1 ½ inch în diametru și ¼ inch grosime.

g) Coaceți fursecurile în cuptorul preîncălzit până când sunt ușor tari la atingere, ceea ce ar trebui să dureze aproximativ 8 până la 10 minute. Asigurați-vă că rotiți foile de copt la jumătatea timpului de coacere. Odată copți, transferați imediat fursecurile pe un grătar pentru a le lăsa să se răcească complet.

h) Pentru învelișul de ciocolată, puneți ciocolata mărunțită, extractul de mentă și restul de ⅛ linguriță de sare într-un castron mare rezistent la căldură pus peste o cratiță cu apă clocotită (asigurați-vă că vasul nu atinge apa). Încălziți acest amestec, amestecând din când în când, până devine omogen, ceea ce ar trebui să dureze aproximativ 2 până la 3 minute. Scoateți vasul de pe foc odată ce este neted.

i) Tapetați o foaie de copt cu pergament sau hârtie cerată. Luați fiecare prăjitură și puneți-o peste dinții unei furculițe. Înfundă prăjitura în ciocolata topită, lovind partea inferioară a furculiței pe partea laterală a vasului pentru a îndepărta orice exces de ciocolată. Așezați fursecurile acoperite pe foaia de copt pregătită și, dacă doriți, decorați-le cu stropi.

j) Pune fursecurile la frigider până când stratul de ciocolată se întărește, ceea ce durează de obicei aproximativ 30 de minute. Păstrați-le la rece până când sunteți gata de servit.

k) Bucurați-vă de delicioasele voastre napolitane cu ciocolată și mentă cu stropi!

100.Napolitane cu alune de ciocolata

Face: aproximativ 15 felii

INGREDIENTE:
napolitana:
- 1 cană de făină universală
- ½ cană amidon de porumb
- ¼ cană pudră de cacao
- ½ cană zahăr granulat
- ¼ lingurita sare
- 3 ouă mari
- 1 ¼ cană de lapte integral
- 2 linguri de unt nesarat, topit
- 1 lingurita extract de vanilie

UMPLERE:
- 3 batoane de ciocolată Nougat neagră
- 200 g alune tartinate (pentru coacere)
- 1 lingura de desert pasta de alune
- 200 g alune tocate

INSTRUCȚIUNI:
napolitana:
a) Într-un castron de mărime medie, amestecați făina universală, amidonul de porumb, pudra de cacao, zahărul granulat și sarea până se combină bine.
b) Într-un alt castron, bateți ouăle, apoi adăugați laptele întreg, untul topit și extractul de vanilie. Se amestecă până se combină bine.
c) Adăugați treptat amestecul umed la amestecul uscat, amestecând continuu pentru a crea un aluat fin. Asigurați-vă că nu există bulgări.
d) Preîncălziți fierul de vafe conform instrucțiunilor producătorului. Asigurați-vă că este bine uns.
e) Se toarnă o porțiune din aluat pe centrul fierului de vafe, răspândindu-l uniform pentru a acoperi întreaga suprafață.
f) Închideți fierul de vafe și gătiți foaia de napolitană până devine crocantă și ușor rumenită. Timpul de gătire poate varia în funcție de fierul de vafe, dar durează de obicei 2-4 minute. Reglați cantitatea de aluat și timpul de gătire pentru a obține grosimea și crocantarea dorite.
g) Scoateți cu grijă foaia de napolitană din fierul de vafe și puneți-o pe un grătar pentru a se răci. Va deveni și mai crocant pe măsură ce se răcește.

UMPLERE:

h) Începeți prin a tăia foile de napolitană în pătrate de aproximativ 6 x 6 cm.
i) Rupeți batoanele de ciocolată Nougat negru în bucăți mici.
j) Topim ciocolata impreuna cu ciocolata cu alune tartinate intr-un vas pus peste o cratita cu apa clocotita. Asigurați-vă că apa nu atinge fundul vasului.
k) Adaugati treptat alunele tocate si pasta de alune in amestecul de tartinat de ciocolata topita si alune.
l) Amestecați continuu până obțineți o consistență groasă asemănătoare unei paste.
m) Luați o lingură din amestecul de alune-ciocolată (aproximativ 1 lingură de desert plină) și puneți-o pe fiecare pătrat de napolitană.
n) Acoperiți fiecare cu un alt pătrat de napolitană și apăsați-le ușor împreună pentru a vă asigura că amestecul este distribuit uniform.
o) Pentru margini mai îngrijite, puteți folosi o cutie mică de dimensiune adecvată pentru a modela napolitanele.
p) Lăsați napolitanele de alune să se răcească și să se întărească. Odată ce sunt ferme, te poți bucura de aceste delicii delicioase!

CONCLUZIE

Pe măsură ce ne încheiem explorarea „Arta biscuiților și a napolitanelor", sperăm că nu numai că ați învățat meșteșugul de a crea aceste delicii crocante, ci și că ați descoperit bucuria de a vă pregăti propriile gustări de la zero. Lumea biscuiților și a napolitanelor este o dovadă a frumuseții simplității și a posibilităților nesfârșite de combinații de arome.

Vă încurajăm să continuați să vă îmbunătățiți abilitățile de a crea biscuiți, experimentând diferite condimente, toppinguri și forme. Indiferent dacă le coaceți pentru plăcere personală sau pentru a le împărtăși cu prietenii și familia, biscuiții și napolitanele de casă au o modalitate de a face din gustare o ocazie specială.

Vă mulțumim că ne permiteți să facem parte din aventura voastră culinară. Pe măsură ce continuați să stăpâniți meșteșugul fabricării de biscuiți și napolitane, fie ca bucătăria dvs. să fie plină de arome îmbietoare și de promisiunea unor delicii crocante nesfârșite. Gustări fericite și iată multe alte creații creative și delicioase de biscuiți!

www.ingramcontent.com/pod-product-compliance
Lightning Source LLC
LaVergne TN
LVHW021656060526
838200LV00050B/2378